Nach der für die Leipziger Juristenfakultät bestehenden Promotionsordnung ist die Drucklegung der Dissertation keine Vorbedingung der Promotion, und die Fakultät hat die Überzeugung, daß eine Prüfungsarbeit gut und ein vollgültiges Zeugnis der wissenschaftlichen Bildung ihres Verfassers sein kann, ohne daß ihr der allgemeine Wert zukommt, welcher ihre Veröffentlichung wünschenswert macht.

Doch hat die Fakultät es stets als einen Übelstand empfunden, daß eine nicht unbedeutende Zahl von ihr approbierter Dissertationen, welche die Wissenschaft fördern, theils gar nicht zum Druck gelangen, theils ohne Bezeichnung ihrer Eigenschaft als Doktorschrift veröffentlicht worden sind. Daher ist die Einrichtung getroffen worden, daß derartige Dissertationen unter den Auspizien der Fakultät veröffentlicht werden können. Die Thätigkeit der Fakultät wird sich dabei auf die Feststellung der Druckwürdigkeit beschränken; sie übernimmt keine Verantwortung für den Inhalt im Einzelnen.

Die Arbeiten erscheinen in selbständigen Heften und sind einzeln verkäuflich.

Leipzig, im Juli 1893.

Die juristische Fakultät:
Dr. J. E. Kuntze,
d. z. Dekan.

AUSGEWÄHLTE DOKTORDISSERTATIONEN
DER
LEIPZIGER JURISTENFAKULTÄT.

DER AUFSICHTSRAT

DER

AKTIENGESELLSCHAFT.

Von

Dr. jur. PAUL TSCHARMANN.

LEIPZIG,
VERLAG VON VEIT & COMP.
1896.

Druck von Metzger & Wittig in Leipzig.

Inhalt.

Litteraturverzeichnis.

Annalen des Kgl. Sächs. Oberlandesgerichts Bd. VII. (1886).
Behrend, Lehrbuch des Handelsrechts. Bd. I (unvoll.) 1886—92.
Bericht der IX. Kommission des Reichstages in den Drucksachen der 5. Legisl. Periode 4. Session 1884. Nr. 128.
Bolze, Die Praxis des Reichgerichts in Civilsachen. Bd. III.
Busch, Archiv für Theorie und Praxis des Allg. deutschen Handels- und Wechselrechts. Bd. XLIV. XLV. XLVI.
Endemann, Das Bundesgesetz betr. die Kommanditgesellschaften auf Aktien und die Aktiengesellschaften v. 11. Juni 1870.
Entscheidungen des Reichsgerichts in Civilsachen. Bd. XIII. XVIII. XX. XXII. XXIV. XXVIII. XXIX.
Entscheidungen des Reichsoberhandelsgerichts. Bd. XIX. XXII. XXIV.
Gareis und Fuchsberger, Das Allg. deutsche Handelsgesetzbuch usw. 1891.
Gierke, Die Genossenschaftstheorie und die deutsche Rechtsprechung. 1887.
Goldschmidt usw., Zeitschrift für das gesammte Handelsrecht. Bd. XXXI. XXXV. XXXVIII. XL.
Gruchots Beiträge usw. Herausg. von Rassow und Küntzel. Bd. XXIX.
Hergenhahn, Das Reichsgesetz betr. die Kommanditgesellschaften auf Aktien und die Aktienges. v. 18. Juli 1884. 1891.
Holdheim, Wochen-(jetzt Monats-)schrift für Aktienrecht und Bankwesen usw. Jahrgang I. III. IV.
Juristische Wochenschrift. Jahrgang 1886.
Kayser, Gesetz betr. die Kommanditges. auf Aktien und die Aktienges. v. 18. Juli 1884. 2. Aufl. 1891.
Laué, Über die Einwirkung des Gesetzes vom 18. Juli 1884 auf die Statuten der bereits vor jenem Gesetze bestandenen Aktiengesellschaften. Gutachten. 1885.
Makower, Das Allg. deutsche Handelsgesetzbuch usw. 10. Aufl. 1890.
Olshausen, Kommentar zum Strafgesetzbuch usw. 4. Aufl. 1892.
Oppenhoff, Das Strafgesetzbuch usw. 12. Aufl. 1892.
Petersen und Frhr. v. Pechmann, Gesetz betr. die Kommanditgesellschaften usw. v. 18. Juli 1884. 1890.
Puchelt, Kommentar zum Allg. deutschen Handelsgesetzbuch. 4. Aufl. Bearbeitet von Förtsch. 1893.
Renaud, Das Recht der Aktiengesellschaften. 2. Aufl. 1875.
Ring, Das Reichsgesetz betr. die Kommanditgesellschaften usw. v. 18. Juli 1884. 2. Aufl. 1893.
Sächsisches Archiv für bürgerl. Recht und Prozeß. Jahrgang 1893.
Seuffert, Archiv für die Entscheidungen usw. Bd. XLI. XLVII.
Staub, Kommentar zum Allg. deutschen H.G.B. 3. Aufl. 1896.
v. Völderndorff, Das Reichsgesetz betr. die Kommanditgesellschaften usw. v. 18. Juli 1884. 1885.
Wengler, Archiv für die civilrechtl. Entsch. usw. 1884.
Willenbücher, Das Allg. deutsche Handelsgesetzbuch usw. 1891.
Windscheid, Lehrbuch des Pandektenrechts. 5. Aufl. 1882.

Einleitung.

Das Recht der Aktiengesellschaften hat eine allgemeine gesetzliche Regelung in Deutschland zuerst durch das preußische Gesetz vom 9. November 1843 erfahren, dem ein besonderes Gesetz über die Eisenbahnaktiengesellschaften vom 3. November 1838 vorausgegangen war. In diesen Gesetzen wurde, der noch herrschenden Auffassung der Aktiengesellschaft als einer Korporation des öffentlichen Rechts (vgl. Ring S. 4 flg.) entsprechend, die Entstehung der Aktiengesellschaft von staatlicher Genehmigung abhängig gemacht und die Geschäftsführung unter staatliche Aufsicht gestellt. Einen Aufsichtsrat oder ein anderes wesentlich zur Aufsicht bestimmtes Gesellschaftsorgan kannten sie nicht. Die übrigen deutschen Staaten regelten das Aktienrecht nur in einzelnen, die Organisation der Gesellschaft nicht betreffenden Beziehungen (vgl. Behrend S. 711). Überall aber außer in den Hansestädten wurde in dem Konzessionssystem der einzige wirksame Schutz des Publikums gegen leichtsinnige oder schwindelhafte Gründungen erblickt. Insbesondere waren die Regierungen auch nicht geneigt, der Überwachung der Gesellschaftsbeamten durch von der Generalversammlung gewählte Vertrauenspersonen in dieser Beziehung einen selbständigen Wert beizumessen. Charakteristisch dafür ist der Hergang bei der Konzessionierung der Leipziger Bank, der ersten größeren auf Aktien gegründeten Bank in Sachsen, im Jahre 1838. Die Regierung wollte sich hierbei das Recht der Bestätigung der Mitglieder des Bankausschusses, welcher neben dem Direktorium in Aussicht genommen war, vorbehalten und stand erst davon ab, als die Stände sich dagegen erklärten, weil sie einen aus der vollkommenen Wahlfreiheit entspringenden Nachteil nicht bemerken könnten.[1] So ist es erklärlich, daß Thöl in der ersten Auflage seines Handelrechts (1847) neben der Generalversammlung nur „Institoren“ der Gesellschaft

[1] Landtagsakten v. J. 1836/37. 1. Abt. Bd. II S. 81 flg. (Grundzüge einer in Sachsen zu errichtenden Bank § 28), Bd. III S. 335.

kennt (Direktorialrat und Direktion), kein eigentliches Aufsichtsorgan. Das deutsche Handelsgesetzbuch legte dem Aufsichtsrate größere Wichtigkeit bei, indem es über seine Rechte und Pflichten Bestimmungen traf. Da es aber sein Vorhandensein nur für die Aktienkommanditgesellschaft[1], nicht für die Aktiengesellschaft vorschrieb (Artt. 175, 225), über die Verantwortlichkeit der Mitglieder gar nichts bestimmte, und an der Genehmigung der Gründung und Beaufsichtigung des Geschäftsbetriebes durch den Staat festhielt, so mußte die Bedeutung des Aufsichtsrates für die Entwickelung der Aktiengesellschaft zunächst gering bleiben. Erst das Jahr 1870 brachte einen Umschwung. Gegen das Konzessionssystem wurde von vielen Seiten eingewendet, daß die Willkür von Verwaltungsbehörden nicht nur berechtigten Privatinteressen, sondern auch einem allgemeinen Aufschwunge des Handels und der Industrie hinderlich werden könnte. Auch wies man darauf hin, daß die behördliche Prüfung im Publikum vielfach als eine Bürgschaft für die Sicherheit und Rentabilität des genehmigten Aktienunternehmens betrachtet werde, während doch in Wirklichkeit häufig die Behörde nicht im Stande sei, dessen Aussichten auf Erfolg zu beurteilen, sodaß der vermeintliche Schutz sich geradezu in eine Gefahr für das Publikum verkehre. Übrigens hatten, von einer in Art. 249 des H.G.Bs. erteilten Erlaubnis Gebrauch machend, eine Anzahl von Bundesstaaten schon in ihren Einführungsgesetzen das Erfordernis der staatlichen Genehmigung beseitigt und Sachsen dasselbe in § 55 seines Gesetzes vom 15. Juni 1868 gethan. Die Bundesnovelle vom 11. Juni 1868 schrieb daher nur eine staatliche Prüfung hinsichtlich einzelner formaler Erfordernisse von besonderer Wichtigkeit vor und übertrug im Übrigen die Prüfung des Unternehmens sowie die ganze Überwachung des Betriebes der Generalversammlung und vor allem dem Aufsichtsrate, hinsichtlich dessen Art. 209 nun auch für die Aktiengesellschaft vorschrieb: „Der Gesellschaftsvertrag muß insbesondere bestimmen: . . . . . 6. die Bestellung eines Aufsichtsrates von mindestens drei aus der Zahl der Aktionäre zu wählenden Mitgliedern.“ Indessen forderte die Novelle die Einsetzung eines Aufsichtsrates nicht von den schon bestehenden Aktiengesellschaften. Dies ergab sich daraus, daß § 4 Nr. 3 bei solchen älteren Gesellschaften, welche bisher der Eintragung nicht bedurften (sog. Civilaktiengesellschaften), aber nunmehr eingetragen werden mußten, von den sonst neuerdings geforderten Voraussetzungen der Eintragung, also auch von dem Nachweise der Bestellung eines Aufsichtsrates,

[1] Diesen Ausdruck braucht jetzt auch der Gesetzgeber, vgl. Gesetz über die privatrechtlichen Verhältnisse der Binnenschiffahrt v. 15. Juni 1895 § 124.

ausdrücklich absah; was diesen Gesellschaften erlassen wurde, mußte den schon eingetragenen erst recht erlassen sein.

Von mancher Seite wurde erwartet, daß das hier angewandte System der Normativbestimmungen nur eine Zwischenstufe zwischen dem Konzessionssystem und der freiesten Entwickelung bilden werde (so Endemann S. 2 flg.). Das Gegenteil traf ein. Die schlimmen Erfahrungen der folgenden Jahre führten zu einem weiteren Ausbau der zum Schutze der Aktionäre getroffenen Normativbestimmungen, namentlich zu einer Verschärfung der civilrechtlichen und strafrechtlichen Verantwortlichkeit des Aufsichtsrates. Diese Abänderungen enthält das Reichsgesetz, betreffend die Kommanditgesellschaften auf Aktien und die Aktiengesellschaften, vom 18. Juli 1884. Welchen Inhalt die den Aufsichtsrat der Aktiengesellschaften betreffenden Vorschriften dieses Gesetzes haben und in welcher Weise sie durch die Praxis der Statuten ergänzt werden, soll im Folgenden nach einzelnen Gesichtspunkten dargestellt werden.

§ 1. Allgemeine Notwendigkeit des Aufsichtsrates.

Das Gesetz vom 18. Juli 1884 ist für das Institut des Aufsichtsrates zunächst dadurch von besonderer Bedeutung geworden, daß es das Vorhandensein eines Aufsichtsrates von allen Aktiengesellschaften, also auch von den vor der Geltung der Novelle vom 11. Juni 1870 entstandenen, fordert. Das ist hinsichtlich dieser älteren Gesellschaften nicht unbestritten und es giebt immer noch nicht wenige Aktiengesellschaften ohne Aufsichtsrat, z. B. die Berlinische Lebens-Versicherungsgesellschaft, die Hessische Ludwigs-Eisenbahn-Gesellschaft. Zwar scheint Art. 209 f das Gebot bestimmt genug auszusprechen: „Jede Aktiengesellschaft muß außer dem Vorstande einen Aufsichtsrat haben." Allein die Gegner[1] wenden folgendes ein: Art. 209 f stehe inmitten von lauter Gründungsvorschriften, sei daher selbst nur eine Gründungsvorschrift und nur auf noch zu gründende Gesellschaften zu beziehen. Da aber die Motive des vom Bundesrate bearbeiteten Entwurfes (Entwurf B) ausdrücklich angeben, der Grundsatz der Notwendigkeit von Vorstand und Aufsichtsrat sei „schon an dieser Stelle ausgesprochen worden, weil sie schon im ersten Stadium der Gründung thätig einzugreifen hätten" (vgl. Völderndorff S. 353), so erscheint jener Einwand nicht als stichhaltig. Ferner stützen sich die Gegner darauf, daß es in §. 2 Abs. 1 des Gesetzes von 1884 heißt:

> „Die in den Artt. . . . 209 a bis 210 c . . . der neuen Fassung enthaltenen Bestimmungen finden auf Gesellschaften, welche vor dem Tage des Inkrafttretens dieses Gesetzes angemeldet sind, aber erst nach oder an diesem Tage zur Eintragung in das Handelsregister gelangen, keine Anwendung, sofern schon vor dem bezeichneten Tage die Voraussetzungen erfüllt sind, an deren Nachweis die bisherigen Bestimmungen die Eintragung knüpfen."

---

[1] Laué, Gutachten S. 18 flg., Esser in Buschs Archiv. Bd. XLVI S. 286 flg., LG Königsberg in der Jurist. Wochenschrift 1886. S. 335 flg. Für die hier vertretene Ansicht Julian Goldschmidt in Gruchots Beiträgen Bd. XXIX S. 95 flg., Völderndorff S. 591, Petersen und Pechmann S. 349 flg., Hergenhahn S. 58 flg., Kayser S. 85, Puchelt-Förtsch S. 531, Ring S. 232 flg. (der aber S. 706 die Frage als immerhin zweifelhaft bezeichnet), Staub S. 395 flg.

Sie schließen: wenn schon diese Gesellschaften von der Geltung der angezogenen Vorschriften ausgenommen sind, so müssen es die schon vorher eingetragenen und dadurch entstandenen Gesellschaften erst recht sein. In der That ist soviel zuzugeben, daß der Gesetzgeber unmöglich hat alle schon bestehenden und die erst in Zukunft zur Anmeldung gelangenden Gesellschaften dem Zwange zur Bestellung eines Aufsichtsrates unterwerfen und lediglich die zur Zeit des Geltungsbeginns des Gesetzes im Stadium der Gründung befindlichen ausnehmen wollen. Eine solche Regelung wäre widersinnig. Nicht minder widersinnig wäre es aber, wenn der Gesetzgeber die bereits seit dem Jahre 1870 für alle neuen Gesellschaften bestehende Pflicht zur Aufsichtsratsbestellung gerade für die bei der Einführung des Gesetzes im Gründungsstadium befindlichen Gesellschaften aufgehoben und damit eine ganz vorübergehende Unterbrechung des Rechtszustandes herbeigeführt hätte. Unter diesen Umständen liegt die Vermutung nahe, daß die Erwähnung des Art. 209 f an dieser Stelle auf einem Redaktionsversehen beruhe. Sie findet ihre Bestätigung in folgender Thatsache. In dem vom Reichskanzler dem Bundesrate vorgelegten Entwurfe (Entwurf A) hatte der Artikel (dort 209 e) einen zweiten Absatz, der von der ersten Bestellung der Gesellschaftsorgane im Falle der Simultangründung einerseits und der Successivgründung andererseits handelte.[1] Eine solche Bestimmung mußte allerdings billiger Weise von der Anwendung auf die im Entstehen begriffenen Gesellschaften ausgeschlossen werden, falls dies bei den übrigen im ersten Absatze des § 2 angezogenen Vorschriften geschah. Nachdem sie aber vom Bundesrate als überflüssig gestrichen worden war (vgl. Petersen und Pechmann S. 348), hat man versehentlich versäumt, die Erwähnung des jetzt nur noch die Existenz eines Vorstandes und eines Aufsichtsrates fordernden Artikels (jetzt 209 f) in § 2 Abs. 1 zu beseitigen.

Diese Ansicht wird durch folgende Gründe unterstützt: Hätte der Gesetzgeber die ihm von den Gegnern zugeschriebene Absicht verfolgt, so hätte er sie unzweideutig dadurch zum Ausdruck bringen können, daß er Art. 209 f nicht im ersten, sondern im zweiten Absatze von § 2 angezogen hätte. Ferner wäre es ganz überflüssig gewesen, aus Art. 209 Ziff. 6 der bisherigen Fassung einen selbständigen Artikel zu machen, wenn er nicht eine materielle Änderung hätte treffen wollen. Endlich würde es mit den unstreitig den Artt. 209 h, 210 Abs. 4, 210 a, 213 c, 222 verb. m. 190 a Abs. 2, 239, 244 Abs. 2 und 4 zu Grunde liegenden Reformzwecken unver-

[1] Den Entwurf A enthält Bd. XLIV von Buschs Archiv, s. dort S. 30.

einbar sein, wenn es Gesellschaften ohne Aufsichtsrat geben dürfte, das ganze Gesetz wäre „ohne das Vorhandensein eines Aufsichtsrates so zu sagen unanwendbar“ (Völderndorff).

Daß sich die Motive über die hier behandelte Frage nicht klar aussprechen, erkennt sowohl Laué als Esser an. Wenn sich aber letzterer (a. a. O. S. 294) mit dem Ausspruche der Motive: „Was die Organisation der Gesellschaft betrifft, so hat der Entwurf sich im Wesentlichen dem geltenden Rechte angeschlossen, die Abänderungen im Einzelnen sind im öffentlichen Interesse erfolgt, wohlerworbene Rechte stehen der Anwendbarkeit der neuen Vorschriften auf die bereits bestehenden Gesellschaften nicht entgegen; dieselbe stimmt vielmehr mit deren Interesse überein“, dadurch abfindet, daß er als die Organisation des geltenden Rechts nicht die einen Aufsichtsrat erfordernde der Novelle von 1870, sondern diese und daneben die den älteren Gesellschaften bisher nachgelassene, ohne Aufsichtsrat versteht, so kommt er nur mit einer sehr künstlichen Auslegung zum Ziele. Was er meint, kann nicht als ein Anschluß an das geltende Recht, sondern müßte als ein Anschluß an die Übergangsbestimmungen des geltenden Gesetzes bezeichnet werden. Aus den letzten Sätzen des obigen Citates geht aber hervor, daß das Gesetz in dieser Beziehung einen anderen Standpunkt einnimmt. Allerdings ist das Gesetz insofern nicht konsequent, als es in § 6 verb. m. Art. 225 a bei den „vor der Geltung des Handelsgesetzbuches[1] errichteten Gesellschaften“ ausnahmsweise zuläßt, daß Mitglieder des Aufsichtsrates zugleich dem Vorstande angehören, und hierdurch für diese Gesellschaften den Wert seiner Organisationsreform in Frage stellt. Mit Recht hat Laué (S. 20) darauf aufmerksam gemacht, daß zufolge § 6 dann, wenn bei einer älteren Gesellschaft der Vorstand oder Verwaltungsrat alle Funktionen in sich vereinigte, eine materielle Änderung überhaupt nicht einzutreten brauchte. Jedoch muß in diesem Falle wenigstens das Statut aussprechen, daß die Mitglieder des Vorstandes u. s. w. zugleich den Aufsichtsrat bilden.

Ebenso ist es, wenn ältere Gesellschaften zwar kein als Aufsichtsrat bezeichnetes Organ, aber ein Aufsichtsorgan mit der Bezeichnung „Verwaltungsrat“ oder „Ausschuß“ oder „Kuratorium“ haben, erforderlich, aber auch genügend, daß im Gesellschaftsvertrage diesem die Obliegenheiten des Aufsichtsrates zugewiesen sind. Es ist erforderlich, weil im öffentlichen Interesse für jedermann aus den Statuten erkennbar sein muß, welches Organ die vom Gesetze

[1] Das soll nach Esser a. a. O. S. 293 soviel heißen als: vor der Geltung des Handelsgesetzbuches als Bundesgesetz, also vor dem 1. Januar 1870!

dem Aufsichtsrate auferlegte Verpflichtung zu tragen hat. Andererseits ist die Bezeichnung „Aufsichtsrat“ so wenig obligatorisch wie die Bezeichnung „Vorstand“, da das Gesetz dies nicht vorschreibt.[1]

§ 2. Rechtsstellung des Aufsichtsrates und seiner Mitglieder.

I. Renaud bezeichnet in seinem „Recht der Aktiengesellschaften“ (S. 626) den Aufsichtsrat als einen Gesellschaftsausschuß, eine verkürzte Generalversammlung[2]. Hiernach wäre der Aufsichtsrat der Aktiengesellschaft ein Analogon zu dem Gläubigerausschusse im Konkursverfahren. Eine solche Auffassung ist aber nur mit dem damaligen Rechtszustande vereinbar (vgl. den in der Einleitung angeführten Art. 209 Ziff. 6). Heute braucht der Aufsichtsrat nicht mehr aus den Aktionären hervorzugehen, ist also nicht mehr ein Ausschuß.

Seine rechtlichen Eigentümlichkeiten bestehen darin, daß er notwendig und zwar in einer bestimmten Mindestzahl von Mitgliedern notwendig ist, daß seine wesentlichen Rechte und Pflichten unabänderlich festgesetzt sind, und daß er, obwohl seine Mitglieder von der Generalversammlung gewählt werden, innerhalb des gesetzlichen Pflichtenkreises von ihr unabhängig ist. Infolge dieser Unabhängigkeit erscheint seine Stellung als derjenigen der Generalversammlung gleichgeordnet, beide sind ebenbürtige Organe der Gesellschaft. Als Organ steht der Aufsichtsrat ebensowenig in einem Vertragsverhältnisse zur Gesellschaft wie die Generalversammlung, er stellt sie innerhalb seiner Befugnisse unmittelbar dar wie die Generalversammlung innerhalb ihrer Befugnisse.

II. Dagegen liegt dem Verhältnisse der einzelnen in den Aufsichtsrat zur Mitwirkung berufenen Person zur Gesellschaft allerdings ein Vertrag zu Grunde, der durch den Wahlbeschluß der Generalversammlung einerseits und die Wahlannahme andererseits zu stande kommt. Da die Generalversammlung lediglich in ihrer Eigenschaft als Gesellschaftsorgan die Wahl vornimmt, so entsteht nur ein Vertragsverhältnis mit der Gesellschaft, nicht ein solches mit den einzelnen Aktionären (Entsch. des ROHGs Bd. XIX S. 179 flg.,

[1] Petersen und Pechmann S. 462, Behrend S. 836. a. M. Ring S. 523 flg., Staub S. 396 und 529.

[2] So irrigerweise noch Völderndorff S. 597.

Bd. XXII S. 239). Über die Natur dieses Vertrages wird gestritten.[1] Der Standpunkt, den das Gesetz hinsichtlich der Gegenleistung der Gesellschaft einnimmt, gewährt keinen positiven Anhalt für die Entscheidung. Denn das Gesetz sagt überhaupt weiter nichts, als daß dem ersten Aufsichtsrat eine Vergütung erst nach Ablauf des Zeitraumes, für den er gewählt ist, bewilligt werden darf. Statutarisch wird in den meisten Fällen eine Tantième zugesichert, bisweilen eine feste Besoldung oder auch beides. Ebenso gut kann aber jede Vergütung ausdrücklich oder stillschweigend ausgeschlossen werden (vgl. § 6). Negativ geht aber daraus hervor, daß sich das Verhältnis jedenfalls im allgemeinen nicht unter die Kategorie des Dienstvertrages bringen läßt. Denn die Dienstmiete kann nicht unentgeltlich sein (vgl. Windscheid, Pandekten §§ 399, 401, Allg. Landrecht I, 11 § 869 flg, Code civ., art. 1710, Sächs. B.G.B. § 1229).

Dagegen spricht dafür, daß ein Auftragsverhältnis vorliegt, das Abberufungsrecht der Generalversammlung. Hierfür spricht weiter der Umstand, daß die Thätigkeit des Aufsichtsrates unentgeltlich sein kann, aber es nicht zu sein braucht. Wenigstens ist nach gemeinem, preußischem und fransösischem Recht der Auftrag nicht notwendig unentgeltlich, sondern verträgt eine Honorierung (vgl. Windscheid § 409, Allg. Landrecht I, 13 § 74 flg, Code civ., art. 1999). Was allerdings die Wirkung des Vertrages gegen Dritte anlangt, so könnte man gegen diese Auffassung einwenden, daß der Aufsichtsrat nicht auf Grund einer Vollmacht der Gesellschaft handelt, sondern auf Grund seiner verfassungsmäßigen Zuständigkeit, während der Auftrag zu einer rechtlichen Thätigkeit sich Dritten gegenüber regelmäßig als Vollmacht darstellt. Zweifellos vermag auch die Generalversammlung den Aufsichtsrat nicht zu einem Thun zu bevollmächtigen, zu dem sie selbst unfähig ist. Allein man muß sich erinnern, daß nicht der Aufsichtsrat als Organ, sondern nur das einzelne Mitglied in einem Mandatsverhältnisse zur Gesellschaft stehen soll, daß dieses nur dazu beauftragt werden kann, als Aufsichtsratsmitglied zu fungieren, und daß es als solches niemals Dritten gegenüber treten und einer Vollmacht der Gesellschaft benötigen kann, sondern daß nach außen hin nur der

---

[1] Für Auftrag: Entsch. des R.Gs. Bd. XIII S. 45. Bd. XXVIII S. 72, Holdheim in seiner Zeitschrift I S. 166 flg, Ring S. 497, Puchelt-Förtsch S. 477, für Dienstvertrag: Staub S. 510. Nach Behrend S. 861, 838 liegt ein Auftragsverhältnis bezw. Dienstverhältnis im w. S. vor; der Begriff des Auftrags im w. S. stehe mit der Annahme eines Dienstverhältnisses nicht im Widerspruch. In der Frage des Rücktrittsrechts (vgl. unten § 4), worin Dienstvertrag und Auftrag entschieden unvereinbar sind, wendet er die Grundsätze des ersteren an.

Aufsichtsrat als einheitliches Organ handelt. Eine Vollmachtserteilung an den einzelnen Mandatar ist also ausgeschlossen, weil dafür kein Raum ist, nicht deshalb, weil das Organ selbst die juristische Person nicht vertritt, sondern unmittelbar darstellt, was Ring (S. 497) als Grund anführt. Übrigens ist eine Vollmachtserteilung an den Aufsichtsrat als Organ sehr wohl möglich, nämlich soweit es zulässig ist, daß die Generalversammlung eigene Befugnisse auf andere überträgt. Hat sie z. B. dem Aufsichtsrate die Befugnis erteilt, anstatt ihrer den Vorstand zu bestellen, so muß er sich Dritten gegenüber auf eine Vollmacht berufen.

Nach sächsischem Rechte ist diese Auffassung der Natur des Vertragsverhältnisses nur in beschränktem Umfange möglich. §. 1299 des B.G.Bs. bestimmt nämlich, daß, falls eine Gebühr für die Führung von Geschäften bedungen ist, die Vorschriften über den Auftrag nur dann Anwendung finden, wenn die Vertragschließenden dessenungeachtet einen Auftrag beabsichtigt haben. Nun braucht zwar eine solche Absicht nicht ausdrücklich erklärt zu sein, sondern kann aus den Vertragsumständen hervorgehen. Allein wo auch diese keinen Anhalt bieten, muß man den hier fraglichen Vertrag, falls er unentgeltlich ist, als Dienstvertrag ansehen.

---

§ 3. Bestellung und Zusammensetzung.

Nach Art. 224 verb. m. 191 des H.G.Bs. besteht der Aufsichtsrat aus mindestens drei von der Generalversammlung zu wählenden Mitgliedern. Es herrscht gegenwärtig Übereinstimmung darüber, daß nicht nur die gesetzliche Mindestzahl, sondern alle Mitglieder von der Generalversammlung zu wählen sind. Demnach ist eine Kooptation ausgeschlossen, auch dann, wenn sie unter dem Vorbehalt der Genehmigung durch die nächste Generalversammlung erfolgt. Ebenso ist es unzulässig, daß der Vorstand oder eine außerhalb der Gesellschaft stehende Körperschaft jemanden in den Aufsichtsrat delegiert.

Zur Bestellung ist zunächst erforderlich ein ausdrücklicher und allen formellen Erfordernissen der Artt. 238, 238 a genügender Beschluß der Generalversammlung. Stillschweigende Ernennung ist ausgeschlossen, auch in dem Falle, daß die in Frage kommende Person bereits statutengemäß als Ersatzmann in den Aufsichtsrat eingetreten war und ihm bis zu der fraglichen Generalversammlung angehört hatte (vgl. Bolze Bd. III Nr. 808 = Seufferts Archiv Bd. XLII Nr. 237). Der zur Wahl Vorgeschlagene darf nach Art. 221

verb. m. 190 Abs. 3 nicht mitstimmen, weil die Beschlußfassung die Eingehung eines Rechtsgeschäftes mit ihm betrifft (anders Puchelt-Förtsch S. 479). Die Bestellung ist noch nicht mit der Wahl erfolgt, sondern erst mit der rechtswirksamen Erklärung der Annahme (Behrend S. 726). Ausnahmsweise bleibt sie auch nach der Annahme der Wahl in der Schwebe, wenn die Generalversammlung eine die bisherige Zahl der Aufsichtsratsmitglieder erhöhende Statutenänderung beschließt, und die wegen dieser Änderung erforderlichen weiteren Mitglieder schon wählt für den Fall, daß die Änderung eingetragen wird. Vor der Eintragung dürfen die Zugewählten ihre Funktion noch nicht antreten, weil der Änderungsbeschluß bis dahin noch keine rechtliche Wirkung hat (Entsch. des R.Gs. Bd. XXIV S. 58 flg.). Daß sie aber schon vorher gewählt werden, erscheint als unbedenklich, denn mit dieser Wahl wird noch nicht dem Änderungsbeschlusse irgend welche Wirkung für die Gegenwart beigemessen (R.G. a. a. O. und Ring S. 493 lassen dies dahingestellt sein). — Der Anmeldung der gewählten Personen zur Eintragung und ihrer Eintragung in das Handelsregister bedarf es nicht (O.L.G. Augsburg bei Holdheim I S. 421 flg., Staub S. 510).

Die Novelle von 1870 hat die Mindestzahl der Aufsichtsratsmitglieder von fünf auf drei herabgesetzt mit Rücksicht auf die kleineren Gesellschaften, denen es schwer fallen kann, eine größere Anzahl geeigneter und bereiter Personen aufzutreiben. Eine obere Grenze ist nicht gezogen. Enthält das Statut keine Bestimmung, so dürfen nicht mehr als drei Mitglieder gewählt werden (Entsch. des R.Gs. Bd. XXIV S. 54). Das Gesetz von 1884 hat wiederum eine Änderung dadurch getroffen, daß es (in Übereinstimmung mit dem H.G.B. von 1861) nicht vorschreibt, daß die Mitglieder aus der Zahl der Aktionäre zu wählen sind. Es geht davon aus, daß der Besitz einer Aktie keine erhebliche Gewähr dafür bietet, daß das Aufsichtsratsmitglied stets das Interesse der Gesellschaft im Auge habe, und daß es andrerseits häufig wünschenswert sein muß, besonders geschäftserfahrene oder sachverständige Personen, die nicht zufällig auch Aktionäre sind, zu Mitgliedern zu wählen. In der Praxis wird übrigens dieses Erfordernis meistens durch die Statuten geschaffen, entweder unmittelbar durch eine ausdrückliche Vorschrift oder mittelbar dadurch, daß von jedem Mitgliede des Aufsichtsrates die Hinterlegung einer oder mehrerer Aktien der Gesellschaft verlangt wird,[1] was wenigstens

[1] Wenn die Zahl der zu hinterlegenden Aktien so bedeutend ist wie bei der Aktiengesellschaft Farbwerke vorm. Meister, Lucius & Brüning in Höchst 50 Stück zu 1000 M., so kann leicht der Fall eintreten, daß die Vorschrift undurchführbar wird, weil die nötige Anzahl so stark beteiligter Aktionäre nicht vorhanden ist.

bei Namensaktien die Aktionäreigenschaft des Gewählten, wenn nicht zur Voraussetzung, so doch zur Folge hat. Mangels einer derartigen statutarischen Bestimmung können aber außerhalb der Gesellschaft stehende Personen gewählt werden, ja es kann umgekehrt die Wahl von Aktionären durch das Statut verboten werden.

Wählbar sind nur physische Personen, nicht Handelsfirmen oder Körperschaften. Verfügungsunfähige Personen können schon um deßwillen nicht bestellt werden, weil sie die Wahl nicht mit Rechtswirksamkeit annehmen können. Der Bestellung von weiblichen Personen steht nichts im Wege; nur muß Ehefrauen eine nach Landesrecht erforderliche ehemännliche Genehmigung erteilt werden, falls ihre Annahmeerklärung gültig sein soll. Sind weibliche Personen von der persönlichen Beteiligung an den Generalversammlungen ausgeschlossen (Aktienbrauerei Friedrichshain in Berlin), so wird man anzunehmen haben, daß ihnen erst recht die Fähigkeit, Mitglied des Aufsichtsrates zu sein, entzogen sein soll. Der Verlust der bürgerlichen Ehrenrechte und die Eröffnung des Konkursverfahrens beeinträchtigen nach dem Gesetze die Wählbarkeit nicht; in den Statuten ist jedoch häufig der Besitz der bürgerlichen Ehrenrechte, bisweilen auch für den Fall eines vorausgegangenen Accordes oder Konkurses die vollständige Befriedigung aller Gläubiger (Magdeburger Lebensversicherungsgesellschaft, Schlesische Lebensvers.- Aktienges. in Breslau) zur Bedingung der Wählbarkeit gemacht. Weitere statutarische Unfähigkeitsgründe sind: Wohnsitz außerhalb des Sitzes der Gesellschaft, Verwandtschaft oder Verschwägerung mit Mitgliedern des Aufsichtsrates oder des Vorstandes, Inhabung einer Firma, deren Mitinhaber Aufsichtsratsmitglied ist (Leipziger Malzfabrik Schkeuditz), Beteiligung an der Verwaltung, der Beaufsichtigung oder dem Geschäftsbetriebe einer Konkurrenzgesellschaft (Vaterländ. Lebensvers.- Aktienges. zu Elberfeld), jedes Dienstverhältnis zu der Gesellschaft (Teutonia in Leipzig). Schon nach dem Gesetze sind unfähig die Vorstandsmitglieder und deren dauernde Stellvertreter sowie Beamte, welche die Geschäfte der Gesellschaft führen (Art. 225 a). Die Wahl eines Prokuristen, Handlungsbevollmächtigten, Handlungsgehilfen der Gesellschaft ist daher ungültig, ebenso die des Syndikus, des Vertrauensarztes, da auch diese zu den geschäftsführenden Beamten der Gesellschaft gehören (a. M. Behrend S. 859). Bei einem Vorstandsmitgliede oder dessen dauernden Stellvertreter genügt es übrigens nicht, daß das Dienstverhältnis mit der Gesellschaft gelöst ist, es muß ihm nach weiterer gesetzlicher Vorschrift auch Entlastung erteilt worden sein. Jedoch kann diese Entlastung unter Umständen auch in der Wahl liegen (Ring S. 511). Im Interesse kleiner Aktiengesellschaften, denen vielleicht Personen, die zu Vorstandsvertretern geeignet wären, nicht zur Verfügung stehen, ist es nachgelassen, daß der Aufsichtsrat bei Behinderung eines Vorstandsmitgliedes eines seiner Mitglieder für einen im Voraus begrenzten Zeitraum zu dessen Stellvertreter bestellt, worauf jedoch der in den Vorstand Delegierte während der Vertretungsdauer und bis zu seiner Entlastung die Aufsichtsratsthätigkeit nicht ausüben darf (Kommissionsbericht S. 22). Da diese Vertretungsbefugnis auf der Mitgliedschaft beim Aufsichtsrat beruht, so darf die Vertretungszeit nicht über das Ende dieser Mitgliedschaft hinaus bemessen werden; es kann also der Fall nicht vorkommen, daß die Generalversammlung einen derzeitigen interimistischen Vorstandsvertreter in den Aufsichtsrat wählt.

Wer nach dem Gesetze nicht wählbar ist, wird durch die Wahl und deren Annahme nicht Mitglied des Aufsichtsrates, seine Bestellung ist nichtig. Wer nur nach den Statuten die Wählbarkeit nicht besitzt, wird Mitglied, es kann aber der seine Wahl aussprechende Beschluß wegen Verletzung des Gesellschaftsvertrages nach Art. 224 verb. m. 190 a des H.G.Bs. von jedem Aktionär unter den dort angegebenen Voraussetzungen als ungültig im Wege der Klage angefochten werden. Wird die Wahl nicht binnen der Klagfrist von einem Monat angefochten, so wird sie gültig.

Keinen unmittelbaren Einfluß auf die Gültigkeit der Bestellung haben die gesetzlichen Vorschriften, wonach Staatsbeamte nicht oder nicht ohne weiteres in einen Aufsichtsrat eintreten dürfen. Nach § 16 des Reichsgesetzes betr. die Rechtsverhältnisse der Reichsbeamten vom 31. März 1873 ist zu dem Eintritt eines Reichsbeamten in den Aufsichtsrat einer jeden auf den Erwerb gerichteten Gesellschaft die Genehmigung der obersten Reichsbehörde erforderlich, die im Falle einer mit der Stellung verbundenen Remuneration überhaupt ausgeschlossen ist. Ausgenommen sind Wahlkonsuln, einstweilen in den Ruhestand versetzte Beamte und die nichtständigen Mitglieder des Patentamtes (Patentgesetz v. 7. April 1891 § 13) und des Reichsversicherungsamtes (Unfallvers.-Ges. v. 6. Juli 1884 § 91). Ähnliches bestimmen: für Sachsen das Gesetz vom 3. Juni 1876, für Preußen, Bayern, Württemberg, Baden, Braunschweig die bei Ring S. 494 aufgeführten Landesgesetze. Diese Bestimmungen wird man auf Handelsrichter, obwohl ihnen § 116 des Gerichtsverfassungsgesetzes alle Rechte und Pflichten richterlicher Beamten zuteilt, nicht anwenden dürfen, weil nach § 113 dess. Ges. neben den Kaufleuten die Aktiengesellschaftsvorstände zur Bekleidung dieses Amtes berufen sind und für die Aufsichtsratsmitglieder von Aktiengesellschaften vernünftigerweise dasselbe gelten muß wie für jene. Auch für Militärpersonen besteht eine reichsgesetzliche Beschränkung in dieser Beziehung nicht. — Verstößt eine Wahl bezw. deren Annahme gegen eine derartige Vorschrift, so wird der Gewählte Mitglied des Aufsichtsrates und bleibt es, wofern er nicht auf dem Disciplinarwege zur Amtsniederlegung genötigt wird (Petersen und Pechmann S. 238, Ring S. 495).

§ 4. Amtsdauer.

Vom Ende der Amtsdauer des ersten Aufsichtsrates ab (vgl. § 7) kann der Aufsichtsrat auf fünf „Geschäftsjahre", keinesfalls aber auf eine längere Zeit gewählt werden (Art. 224 verb. m. 191 Abs. 3). Vor der Einführung des neuen Aktiengesetzes hieß es „auf fünf Jahre" und es konnte daher der Beginn der Amtsperiode auf einen beliebigen Tag festgesetzt werden. Daß dies auch gegenwärtig noch der Sinn des Gesetzes sei, wie einige behaupten,[1] ist mit seinem Wortlaute nicht vereinbar; dem gegenüber fällt die Thatsache, daß die gesetzgebenden Faktoren die Absicht einer materiellen Änderung außerhalb des Gesetzestextes nicht ausgesprochen haben, wenig ins Gewicht.[2] Das Gesetz schreibt weder vor, daß das Statut eine Bestimmung über die Amtsdauer des Aufsichtsrates enthalten müsse, noch sagt es, für welche Zeit im Zweifel eine Wahl zu gelten habe. Hat nun weder das Statut im allgemeinen noch der Wahlbeschluß im konkreten Falle die Amtsdauer festgesetzt, so gilt die Wahl auf unbestimmte Zeit, jedoch mindestens bis zur nächsten Generalversammlung und höchstens auf fünf Geschäftsjahre.

Die bloße statutarische Festsetzung der Amtsdauer auf fünf Geschäftsjahre führt zu Schwierigkeiten. Die Wahl des Aufsichtsrates erfolgt nämlich, da sie durchgängig nicht einer besonders einberufenen, sondern der zur Beschlussfassung über die Bilanz und die Gewinnverteilung bestimmten Generalversammlung übertragen wird, regelmäßig nicht zu Beginn, sondern im Laufe eines Geschäftsjahres. Wird nun nicht etwa bestimmt, daß die Thätigkeit der

[1] So Löwenfeld in Goldschmidts Zeitschrift Bd. XXXI S. 125 flg., Petersen und Pechmann S. 238 flg., dagegen Laué S. 24, Willenbücher S. 242, Behrend S. 862, Ring S. 497, Puchelt-Förtsch S. 478, Staub S. 511.

[2] Im Widerspruche mit dem Gesetze stehen daher folgende Statuten: a) Spar- und Creditbank zu Leipzig: die Mitglieder des Aufsichtsrates werden auf die Dauer von 5 Jahren gewählt, die Amtsdauer beginnt mit der ordentl. Generalv., die im Laufe des Geschäftsjahres stattfindet; b) ähnlich das Statut der Dresdner Bank; c) Kommunalbank des Kgrchs. Sachsen: die Dauer der Mitgliedschaft beträgt 5 Jahre, jährlich am 31. März scheidet ein Mitglied aus; das Geschäftsjahr ist das Kalenderjahr.

Gewählten erst mit dem Anfange des folgenden Geschäftsjahres beginnen solle, so ist das laufende das erste der fünf Geschäftsjahre, mit dem Ende des fünften erlischt das Amt der Gewählten unbedingt und von da ab bis zur nächsten Generalversammlung ist kein Aufsichtsrat vorhanden. Es empfiehlt sich daher, statutarisch die Amtsdauer auf vier Jahre zu bemessen und sie von der vollzogenen Wahl bis zur vierten ordentlichen Generalversammlung nach dieser Wahl (Statut des Norddeutschen Lloyd) oder von einem bestimmten, voraussichtlich der ordentlichen Generalversammlung nachfolgenden Kalendertage ab vier Jahre (Allg. Deutsche Creditanstalt in Leipzig) währen zu lassen.

Neuerdings ist übrigens in fast allen Statuten bestimmt, daß die Mitglieder des Aufsichtsrates nicht insgesamt auf einmal, sondern nach einem mehrjährigen Turnus ausscheiden. Dadurch wird eine größere Stetigkeit in der Erfüllung der dem Aufsichtsrate obliegenden Pflichten verbürgt.

Das Amt kann ferner beendigt werden durch den Wegfall einer Voraussetzung der Wählbarkeit z. B. dadurch, daß das Mitglied geisteskrank wird, oder dadurch, daß es in den Vorstand eintritt. Die Beendigung erfolgt dann ipso iure. Ob im Falle des Verlustes einer nur statutarischen Voraussetzung der Wählbarkeit z. B. im Falle der Eröffnung des Konkursverfahrens über das Vermögen des Mitgliedes oder im Falle seiner Verurteilung zum Verlust der bürgerlichen Ehrenrechte ebenfalls die Mitgliedschaft von selbst erlischt, oder ob ein besonderer Enthebungsakt erforderlich ist, ist streitig. Unzweifelhaft ist dieser dann nicht nötig, wenn das Statut für solche Fälle das sofortige Erlöschen des Amtes vorschreibt. Aber auch sonst ist dies im Zweifel als der Sinn des Statuts anzunehmen, da das Interesse der Gesellschaft in solchen Fällen meist ein schleuniges Ausscheiden erfordert, eine aus solchem Anlasse einberufene Generalversammlung aber doch nichts anderes thun könnte als die statutarische Folge der eingetretenen Thatsache aussprechen.[1] Ein eigentümlicher Fall liegt vor, wenn nicht alle Mitglieder, sondern nur eine bestimmte Anzahl ihren Wohnsitz am Sitze der Gesellschaft haben müssen und von den gerade in der erforderlichen Zahl daselbst wohnenden einer seinen Wohnsitz verlegt. Der Weggezogene hat nicht wegen Verlustes der Wählbarkeit auszuscheiden, denn daß gerade er einen bestimmten Wohnsitz haben müsse, läßt sich nicht behaupten. Würde zu gleicher Zeit ein anderes Mitglied seinen Wohnsitz nach dem Sitze der Gesellschaft verlegen, so wäre der

---

[1] Ebenso Holdheim in seiner Zeitschrift I S. 187, Behrend S. 861, Hergenhahn bei Holdheim IV S. 10, dagegen Ring S. 495, Staub S. 511.

statutarischen Vorschrift ebenso genügt wie vorher. Durch des ersteren alleinige Wohnsitzveränderung wird aber die statutenmäßige Zusammensetzung des Aufsichtsrates als solchen berührt und es muß daher eine Neuwahl sämtlicher Mitglieder stattfinden (vgl. Holdheim I S. 187 flg.).

Das Recht der Abberufung ist der Generalversammlung unentziehbar gewahrt durch Art. 224 verb. m. 191 Abs. 4, zugleich aber zur Verhütung einer „mißbräuchlichen Anwendung durch eine zufällige Mehrheit oder eine die Gesellschaft beherrschende Koterie“ an eine Mehrheit von drei Vierteilen des in der Generalversammlung „vertretenen“ Gesamtkapitals geknüpft. Vertreten ist nur derjenige Teil des Gesamtkapitals, der sich im Besitze der an der Abstimmung teilnehmenden Aktionäre befindet (Entsch. des R.Gs. Bd. XX S. 142 flg.).

Da das Gesetz in der Dreiviertelmehrheit eine Bürgschaft gegen den Mißbrauch des Widerrufsrechts erblickt, so darf nicht durch das Statut eine Erleichterung geschaffen werden, andererseits ist auch eine Erschwerung unzulässig, weil dann die Ausübung des Generalversammlungsrechtes durch wenige dem Abzuberufenden ergebene Aktionäre vereitelt werden könnte.[1] Daß der Abzuberufende, falls er Aktionär ist, nicht selbst mitstimmen darf, ist in Art. 190 Abs. 3 nicht ausdrücklich gesagt, entspricht aber wohl dessen Sinn (anders Puchelt-Förtsch S. 479, Staub S. 488).

Bisweilen bestimmt das Statut, daß der Aufsichtsrat ein Mitglied seines Amtes entlassen könne, wenn es sich einer zwar nicht die Unfähigkeit nach sich ziehenden, aber mit dem Interesse oder der Ehre der Gesellschaft nicht vereinbarenden Handlung schuldig mache (Statuten der Leipziger Bank und der Teutonia in Leipzig). Dieses Verfahren bedeutet einen Übergriff in die unentziehbaren Rechte der Generalversammlung, es ist ebenso unzulässig wie die Cooptation von Mitgliedern.

Die Mitgliedschaft kann endlich auch erlöschen durch freiwillige Niederlegung. In den Statuten ist das Rücktrittsrecht häufig gewährt, aber dadurch beschränkt, daß seine Ausübung an eine (gewöhnlich dreimonatige) Kündigungsfrist geknüpft ist. Ob und wann die Amtsniederlegung zulässig ist, wenn die Statuten nichts darüber bestimmen, ist streitig[2] und nicht für alle Rechtsgebiete gleichmäßig zu beurteilen. Nach gemeinem, preußischem und französischem Recht darf der Beauftragte den Auftrag zurückgeben, wann er will, nur nicht zur Unzeit, er müßte denn einen besonderen

[1] So Lauć S. 24, Hergenhahn S. 141, Ring S. 499, Staub S. 512; für die Zulässigkeit von Erleichterungen Behrend S. 862.

[2] Vgl. Petersen u. Pechmann S. 239, Hergenhahn S. 141, Willenbücher S. 242, Behrend S. 862, Ring S. 499, Puchelt-Förtsch S. 479, Staub S. 512.

Grund dazu haben (l. 22 § 11, l. 23—25 Dig. 17, 1; Allg. Landrecht I, 13 §§ 159, 172 flg, Code civ. art. 2007). Zur Unzeit würde ein Mitglied zurücktreten, wenn es durch sein Ausscheiden den Aufsichtsrat beschlußunfähig machen und die Wahl eines neuen Mitgliedes durch die Generalversammlung nicht abwarten wollte. Ein rechtfertigender Grund würde ihm aber auch in diesem Falle zur Seite stehen, wenn er sich auf keine andere Weise einer dem Aufsichtsrate drohenden, von ihm nicht mitverschuldeten Verantwortung entziehen könnte (Holdheim in seiner Zeitschrift I S. 166). Hat er dagegen eine Notlage der Gesellschaft selbst verschuldet, so würde sein Rücktritt wegen dieser Notlage unzeitgemäß sein und einer Fahnenflucht gleichen (Entsch. des R.Gs. Bd. XIII S. 44 flg.). —

Soweit nach sächsischem Rechte (vgl. oben § 3) ein Auftrag vorliegt, gilt dasselbe; jedoch sind Rechtfertigungsgründe bei unzeitgemäßem Rücktritte nur Krankheit, notwendige Abwesenheit und Verweigerung des Vorschusses (B.G.B. 1322). Ist dagegen ein Dienstvertrag anzunehmen, so kann das Aufsichtsratsmitglied nicht vor Ablauf seiner Amtsdauer zurücktreten, außer wenn ihm die ihm gebührende Vergütung von der Generalversammlung verweigert wird (B.G.B. § 1242).

Die Niederlegung kann auch stillschweigend geschehen. In dieser Beziehung ist als eine konkludente Handlung die Annahme einer Wahl zum Vorstandsmitglied aufzufassen, wenigstens insoweit, als nicht nach den Umständen des Falles bereits die Wahl eine Entlassung aus dem Aufsichtsratsamt durch gültigen Widerruf der Generalversammlung in sich schließt. Mit der Annahme scheidet das bisherige Aufsichtsratsmitglied aus (Ring S. 509).

Petersen u. Pechmann bestreiten dies, indem sie ausführen, daß die Annahme auch in der Absicht erfolgen könne, gleichzeitig dem Vorstande und dem Aufsichtsrate anzugehören. Allein im Zweifel muß einer Erklärung derjenige Sinn beigelegt werden, bei dem das ausdrücklich Gesagte (die Annahme des Vorstandsamtes) vor dem Gesetze bestehen kann (vgl. l. 80 Dig. 45, 1).

---

§ 5. **Obliegenheiten.**

I. Nach Gierke (die Genossenschaftstheorie usw. S. 698 flg.) giebt es nicht nur im Leben der Einzelpersonen, sondern auch in dem der Gesamtpersonen rechtlich erhebliche Bewußtseinsvorgänge, die der Normierung zugänglich sind, insoweit es sich um die Anerkennung und Begrenzung eines rechtlich wirksamen Gemeinbewußtseins handelt, und die als Inhalt besonderer Zuständigkeiten gesetzt werden können. So bildet namentlich die Funktion der inneren

Wahrnehmung den Kern der verfassungsmäßigen Zuständigkeit eigener Kontrollorgane der Gesamtpersonen, insbesondere besteht der wesentliche Inhalt der Thätigkeit des Aufsichtsrates der Aktiengesellschaft in der Erlangung der Kenntnis von inneren Vorgängen des Gemeinlebens, in der Herstellung eines „Wissenszustandes des Gemeinbewußtseins.“ Zur Erfüllung dieser Aufgabe ist er geeignet, weil er weniger unbeholfen und in seiner Zusammensetzung weniger von Zufälligkeiten abhängig ist als die Generalversammlung, vermöge seiner größeren Aktionsfähigkeit und Stetigkeit aber eine bessere Überwachung des Geschäftsbetriebes verbürgt. Notwendig ist eine solche Überwachung als Gegengewicht gegen die nach außen unbeschränkte Vertretungsbefugnis des Vorstandes (Entsch. des R.Gs. Bd. XIII. S. 45).

Kontrollorgan ist der Aufsichtsrat allerdings nicht ausschließlich, aber doch hauptsächlich. Diese seine Hauptaufgabe ist im ersten Satze des Art. 225 bezeichnet: „Der Aufsichtsrat hat den Vorstand bei seiner Geschäftsführung in allen Zweigen der Verwaltung zu überwachen und zu dem Zweck sich von dem Gange der Angelegenheiten der Gesellschaft zu unterrichten.“ Als Mittel, welche ihm hierzu zur Verfügung stehen, werden genannt: Berichterforderung vom Vorstande, Einsicht der Bücher und Schriften, Untersuchung der Gesellschaftskasse und der Bestände an Effekten, Handelspapieren und Waren. Hieraus geht hervor, daß er nicht auf die Prüfung der vom Vorstande persönlich geführten Gesellschaftsangelegenheiten beschränkt ist, sondern auch in die geschäftliche Thätigkeit der Buchhalter, Kassierer usw. Einblick nehmen darf. Nur verpflichtet ihn das Gesetz hierzu nicht, weil die Überwachung des gesamten Personales bei einem größeren Unternehmen undurchführbar ist. Dagegen kann der Aufsichtsrat sich der Pflicht zur Überwachung des Vorstandes auf keine Weise, insbesondere nicht durch Übertragung auf andere, entziehen, er bildet dessen übergeordnete Behörde mit unbeschränkbarer Kontrollpflicht.

Von dem Gange der Angelegenheiten hat er sich nur soweit zu unterrichten, als es der Überwachungszweck erfordert. Um dies auszudrücken, sind in dem oben angeführten Satze des Art. 225 durch die neueste Fassung die Worte „zu dem Zweck“ hinzugekommen (Kommissionsbericht S. 21). Der Vorstand ist also nicht verpflichtet, dem Aufsichtsrate Auskünfte zu erteilen, die mit der Überwachung nichts zu schaffen haben. Auch wird er trotz des Ausdruckes „jederzeit“ nicht verpflichtet sein, außerhalb der Geschäftsstunden oder ungeachtet anderer dringender Geschäfte sofort Bericht zu erstatten (Ring S. 505, Staub S. 517 flg.).

Weigert er sich aber ohne Grund, so kann der Aufsichtsrat seine

Bestrafung nach Art. 249 g Abs. 2 herbeiführen und, falls dadurch sein Widerstand nicht gebrochen wird, eine Generalversammlung berufen und die Entlassung des Vorstandes beantragen oder, wenn die sofortige Entlassung nicht angängig ist, oder nicht im Interesse der Gesellschaft liegt, wenigstens gegen ihn auf Berichterstattung klagen, wozu er nach Art. 223 Abs. 3 verb. m. 194 Abs. 2 der Ermächtigung der Generalversammlung nicht bedarf, da es sich um seine eigene Verantwortlichkeit handelt.

Überflüssige und lästige Überwachung des Geschäftsbetriebes wird durch die Fassung des Art. 225 auch insofern verhindert, als danach nicht das einzelne Aufsichtsratsmitglied zur Berichterforderung und zu eigenen Einblicken in den Geschäftsgang berechtigt ist, sondern nur der gesamte Aufsichtsrat oder einzelne von ihm zu bestimmende Deputierte. Bei einer größeren Mitgliederzahl kann die Prüfung durch sämtliche Mitglieder eine so erhebliche Störung des Betriebes mit sich bringen, daß die Bildung eines besonderen Ausschusses geradezu Bedürfnis ist. Diese Maßregel kann aber auch noch einem anderen Zwecke dienen. Da ein gesetzliches Konkurrenzverbot für den Aufsichtsrat nicht besteht, so wird es bisweilen nötig werden, einen an einem Konkurrenzunternehmen beteiligten Mitgliede des Aufsichtsrates den Einblick in ein Fabrikationsgeheimnis oder eine andere Besonderheit des Geschäftsbetriebes unmöglich zu machen. Dies geschieht auf ordnungsmäßigem Wege durch die Bildung eines Ausschusses, in den der Konkurrent nicht gewählt wird.

Weder die Berichterforderung noch die Prüfung der Bücher und Bestände ist obligatorisch („er kann"), die erstere nicht, weil unter Umständen die Einfachheit des Geschäftsbetriebes die Berichterstattung überflüssig macht, die letztere nicht, weil sie bei den größten Aktiengesellschaften z. B. bei unseren großen Aktienbanken undurchführbar ist und man sich notgedrungen mit Stichproben begnügen muß. Doch wird sich jedenfalls der Aufsichtsrat davon überzeugen müssen und können, daß der Vorstand überhaupt für kaufmännische Buchführung sorgt (Art. 239).

Dagegen ist es eine obligatorische Aufgabe des Aufsichtsrates, die Jahresrechnungen, die Bilanzen und die Vorschläge zur Gewinnverteilung zu prüfen und darüber der Generalversammlung der Aktionäre Bericht zu erstatten. Zu diesem Behufe ist in Art. 239 Abs. 2 dem Vorstande die Pflicht auferlegt, binnen einer statutarisch festzusetzenden, jedoch längstens sechsmonatigen und mangels einer Festsetzung dreimonatigen Frist nach Ablauf des Geschäftsjahres die Gewinn- und Verlustrechnung, die Bilanz und einen allgemeinen Geschäftsbericht dem Aufsichtsrate vorzulegen. Die Prüfung kann sich bei einem größeren Umfange des Geschäftsbetriebes naturgemäß nur darauf erstrecken, daß die Jahresrechnung und die Bilanz sowohl rechnerisch richtig als auch den gesetzlichen Vorschriften gemäß aufgestellt sind und mit den Ergebnissen der Inventur und sonstigen Abschlüssen übereinstimmen. Dasselbe gilt von etwaigen im Laufe des Geschäftsjahres aufgestellten Bilanzen (vgl. Art. 240 Abs. 2), insbesondere hat der Aufsichtsrat auch über sie der Generalversammlung Bericht zu erstatten (deshalb ist das Wort „alljährlich" in der neuen Fassung weggefallen).

Einige Befugnisse, welche dem Aufsichtsrate verliehen sind, haben nicht unmittelbar eine Kontrollthätigkeit zum Gegenstande, sondern nur die Verbreitung ihrer Ergebnisse unter den Aktionären. So die oben erwähnte Berichterstattung in der Generalversammlung, mittelbar auch das Recht zur Berufung der Generalversammlung. Indessen beschränkt sich die letztere Befugnis nicht auf den Kontrollzweck, sie ist erteilt für alle Fälle, in denen die Berufung im Interesse der Gesellschaft erforderlich erscheint, also so gut wie unbeschränkt und erscheint daher geradezu als eine „Regierungsfunktion" (Gierke). Regierungs- oder Verwaltungsorgan ist der Aufsichtsrat auch, wenn er zur Bestellung eines Prokuristen seine Zustimmung zu erteilen hat, was durch Statut oder Generalversammlungsbeschluß für nicht erforderlich erklärt werden kann (Art. 234). In derselben Eigenschaft bestellt er bei Behinderung des Vorstandes bez. eines Vorstandsmitgliedes auf einen im Voraus begrenzten — jedoch nicht statutarisch, sondern nach dem Bedürfnis des einzelnen Falles zu begrenzenden — Zeitraum eines seiner Mitglieder als dessen Stellvertreter. Hierbei ist „Behinderung" im Gegensatz zum völligen Ausscheiden zu verstehen, die gegenteilige Ansicht ist mit dem Sprachgebrauche unvereinbar.[1] Da man mit dieser Regelung der Vorstandsvertretung nur beabsichtigt hat, kleinen Gesellschaften eine Erleichterung zu gewähren, so wird anzunehmen sein, daß eine Gesellschaft hierauf verzichten und durch das Statut die Möglichkeit einer solchen Delegation ausschließen kann.[2]

Der Aufsichtsrat ist aber auch bisweilen Vertretungsorgan. Diese Fälle bilden Ausnahmen von dem Prinzip des Art. 227 Abs. 1: „Die Aktiengesellschaft wird durch den Vorstand gerichtlich und außergerichtlich vertreten." Er ist zunächst Vertreter im Wissen im Falle des Art. 232 verb. m. 196a Nr. 2. Falls nämlich ein Vorstandsmitglied das gesetzliche Konkurrenzverbot übertreten hat und dadurch für die Gesellschaft das Recht begründet worden ist.

---

[1] Wie oben Makower S. 249, Puchelt-Förtsch S. 580, Staub S. 521, a. M. Petersen u. Pechmann S. 464, Willenbücher S. 290, Behrend S. 860, Ring S. 510.

[2] Ring S. 509 flg., Staub S. 520, a. M. Behrend S. 860.

entweder in das von ihm für eigene Rechnung gemachte Geschäft einzutreten oder Schadenersatz zu fordern, so ist der Beginn der dreimonatigen Frist, mit deren Ablaufe dieses Recht erlischt, an die Kenntnis der übrigen Vorstandsmitglieder und des Aufsichtsrates geknüpft. Mit ihrer Kenntnis ist der „Wissenszustand des Gemeinbewußtseins“ hergestellt. Der Zusammenhang dieser Funktion des Aufsichtsrates mit seiner Hauptaufgabe, den Vorstand zu überwachen, ist ohne weiteres klar. Übrigens ist er hierbei geschlossenes Gesellschaftsorgan, nicht die Gesamtheit seiner Mitglieder; wo die letztere gemeint ist, heißt es: „Die Mitglieder des Aufsichtsrates“ vgl. Artt. 180 b, 192, 194 Abs. 2, 195 usw. Es ist daher nicht notwendig, daß alle Mitglieder Kenntnis von der Übertretung des Konkurrenzverbotes erlangt haben, sondern es genügt, daß diese in beschlußfähiger, wenn auch nicht vollzähliger Sitzung mitgeteilt worden ist. Haben aber sämtliche Mitglieder Kenntnis erlangt, so kommt es auf die Art der Kenntniserlangung nicht an.[1]

Der Aufsichtsrat ist ferner zur Führung der von der Generalversammlung beschlossenen Prozesse der Gesellschaft gegen den Vorstand ermächtigt (Art. 223 Abs. 3 verb. m. 194 Abs. 1); was die Führung von Prozessen gegen den Vorstand ohne oder gegen den Willen der Generalversammlung anlangt (Art. 194 Abs. 2), so wird man weder sagen können, daß er stets ebenfalls als Vertreter der Gesellschaft handele (so Petersen u. Pechmann S. 250, Puchelt-Förtsch S. 484), noch daß er hierbei immer nur um seiner persönlichen Verantwortung willen thätig werde (so Ring S. 488, Staub S. 336), sondern man wird je nach den Umständen des einzelnen Falles das eine oder das andere anzunehmen haben. — Da der Aufsichtsrat keinen gesetzlichen Prozeßvertreter hat, sondern nur seine einzelnen Mitglieder prozeßfähig sind, so sind diese alle als Kläger zu nennen. Zu legitimieren haben sie sich durch das bez. die gerichtlichen oder notariellen Protokolle (Art. 238 a) derjenigen Generalversammlungen, in denen sie gewählt worden sind; ist aber im Statut, wie vielfach, vorgeschrieben, daß die Bekanntmachung in öffentlichen Blättern oder ein auf Grund der Wahlprotokolle ausgestelltes notarielles Attest ihre Legitimation bilden solle, so ist dieser Bestimmung nachzugehen.

Der Aufsichtsrat vertritt ferner in Gemeinschaft mit dem Vorstande die Gesellschaft in den Prozessen, welche von einzelnen Vorstandsmitgliedern oder Aktionären, die einen Generalversamm-

[1] Vgl. Makower S. 257, Petersen u. Pechmann S. 259 flg., Behrend S. 849, Staub S. 544 flg., dagegen halten Puchelt-Förtsch S. 489 und Ring S. 556 die Kenntnis eines Mitgliedes für genügend.

lungsbeschluß anfechten, gemäß Art. 222 verb. m. 190a erhoben werden; falls aber sämtliche Vorstandsmitglieder die Anfechtungsklage anstellen, ist er der alleinige Vertreter der Gesellschaft. Daß nicht er selbst neben dem Vorstand, sondern die Gesellschaft, vertreten durch beide bez. durch ihn allein, verklagt wird, mithin diese im Falle der Verurteilung die Kosten zu tragen hat, geht aus der Vorschrift des dritten Absatzes von Art. 190a hervor, wonach der Kläger „auf Verlangen der Gesellschaft" wegen der ihr drohenden Nachteile eine Sicherheit zu leisten hat und dieses Verlangen als prozeßhindernde Einrede geltend zu machen ist; wäre nicht die Gesellschaft die Beklagte, so könnte ihr nicht eine prozeßhindernde Einrede zugesprochen werden.[1] Das Genossenschaftsgesetz vom 1. Mai 1889 drückt sich genauer aus, indem es sagt: „Die Klage ist gegen die Genossenschaft zu richten, die Genossenschaft wird durch den Vorstand, sofern dieser nicht selbst klagt, und durch den Aufsichtsrat vertreten" (§ 49 Abs. 2). — Die gemeinschaftliche Vertretungsbefugnis des Vorstandes und des Aufsichtsrates hat zur Folge, daß nur beide zusammen einen Anwalt bevollmächtigen, Rechtsmittel einlegen und über den Streitgegenstand disponieren dürfen. Nur dadurch wird der Zweck der Gesetzesbestimmung, Kollusionen zwischen dem Anfechtenden und einem der beiden Organe zu verhüten, wirklich erreicht.[2] Aus demselben Grunde muß auch die Zustellung der Klage an beide Organe erfolgen (Entsch. des R.Gs. Bd. XIV. S. 142 flg.). Jedoch braucht nicht jedem, sondern nur einem Mitgliede des Aufsichtsrates zugestellt zu werden, weil sie sämtlich — nicht der Vorsitzende als solcher — Vorsteher im Sinne von § 157 Abs. 2 und 3 der C.P.O. sind (so Ring S. 461, a. M. Alexander a. a. O. S. 105 flg.). Im allgemeinen ist der Aufsichtsrat auch mit dieser Funktion als geschlossenes Kollegium betraut, nur gelten hinsichtlich der Eidesleistung die sämtlichen Mitglieder beider Organe als mehrere gesetzliche Vertreter im Sinne von §§ 236, 238 der C.P.O., weil Eide nur von physischen Personen geleistet werden können. Ist aber im Statut bestimmt, daß der Vorsitzende oder sein Stellvertreter oder daß diese beiden die Eide der Gesellschaft zu leisten haben, so ist diese Bestimmung maßgebend, weil das Statut von dem anfechtenden Vorstandsmitglied oder Aktionär als lex contractus anerkannt werden muß. — Da das Gesetz es hiernach für im Notfalle genügend hält, wenn der Aufsichtsrat allein

[1] Gareis und Fuchsberger S. 522 sehen die beiden Organe selbst als die Beklagten an.

[2] Dagegen Alexander, die rechtliche Stellung des Aufsichtsrates usw. in den Prozessen des Art. 190a des H.G.Bs., in Goldschmidts Zeitschrift Bd. XL. S. 108 flg.

die Gesellschaft im Anfechtungsprozesse vertritt, so wird er dazu auch dann befugt sein, wenn die Vorstandsmitglieder nicht als solche, sondern als Aktionäre — die sie nach Art. 227 Abs. 2 nicht zu sein brauchen — die Klage anstellen. Dagegen giebt das Gesetz keinen Anhalt dafür, daß auch die alleinige Vertretung durch den Vorstand im Notfalle genüge. Klagen daher sämtliche Aufsichtsratsmitglieder als Aktionäre oder klagen so viele von ihnen, daß der Aufsichtsrat beschlußunfähig wird und sind Ersatzmänner nicht vorhanden, so ist eine Generalversammlung zu berufen und von dieser die Wahl der erforderlichen Anzahl von Stellvertretern vorzunehmen, bis zu deren Bestellung aber vom Gericht auf Antrag des (wegen der Zuständigkeit des Landgerichts notwendigen) Anwalts der Gesellschaft gemäß § 223 der C.P.O. das Verfahren auszusetzen. Dasselbe gilt beim endgültigen Ausscheiden von Aufsichtsratsmitgliedern (vgl. Alexander a. a. O. S. 102 flg.). Ist aber für den Anfechtungskläger Gefahr im Verzuge, so hat beim Fehlen eines beschlußfähigen Aufsichtsrates der Vorsitzende des Prozeßgerichts einen vorläufigen besonderen Vertreter zu bestellen (C.P.O. § 55).

Mit der Vertretung der Gesellschaft ist der Aufsichtsrat neben der Generalversammlung in dem Falle vom Gesetze betraut, wenn die Gesellschaft, von der Erlaubnis des Art. 207 a Abs. 3 Gebrauch machend, auf Namen lautende Aktien unter 1000 Mk. jedoch über 200 Mk. (sog. Kleinaktien) ausgegeben hat, und zwar bei der im Statut vorzubehaltenden Einwilligung der Gesellschaft (Art. 220 verb. m. 182 Abs. 2). Was das Verfahren der beiden Gesellschaftsorgane anlangt, so wird zweckmäßigerweise zuerst der Aufsichtsrat darüber Beschluß fassen, ob er seine Einwilligung erteilt, weil sich durch seinen leichter herbeizuführenden Beschluß, falls er ablehnend ist, die Beschlußfassung der Generalversammlung erledigt. Auf andere Kleinaktien als die des dritten Absatzes von Art. 207 a bezieht sich übrigens diese Vorschrift nach ihrem Zwecke nicht (Petersen u. Pechmann S. 144, Ring S. 437).

Nach der herrschenden Anschauung vertritt der Aufsichtsrat die Gesellschaft auch dann, wenn er behufs gründlicherer Erfüllung seiner Kontrollpflicht Sachverständige beizieht und Dienstverträge mit ihnen abschließt, z. B. mit Revisoren zur Prüfung einer komplizierten Buchführung, mit Mathematikern zur Begutachtung versicherungstechnischer Fragen, mit Rechtsanwälten zur Raterteilung in schwierigeren Rechtsfragen.[1] Das Verlangen, daß er die Honorare

---

[1] O.L.G. Hamburg in Seufferts Archiv Bd. XLVII. S. 312, O.L.G. Karlsruhe bei Holdheim I S. 58, L.G. I Berlin bei Holdheim III S. 83 flg., Behrend S. 859, Ring S. 504; dagegen wie oben Staub S. 516.

derartiger Beistände von der ihm zukommenden Vergütung bestreiten solle, wäre um so unbilliger, als sie gerade dann besonders erheblich sein können, wenn er keine oder nur eine geringe Tantième erhält. Indessen bestimmen einige Statuten so. Wenn man aber der Ansicht ist, daß im Zweifel diese Kosten nicht von dem Aufsichtsrate getragen werden sollen, so braucht man ihm deshalb noch nicht insoweit ein unmittelbares Vertretungsrecht zuzugestehen. Es liegt viel näher, diese Kosten als Auslagen zu betrachten, die ihm bei seiner Amtsthätigkeit erwachsen. Auslagen aber sind dem Aufsichtsrate zu erstatten (vergl. § 6). Da nun ferner Ausnahmen von dem Grundsatze, daß der Vorstand der alleinige Gesellschaftsvertreter ist, nicht ohne Not über die im Gesetze geordneten Fälle hinaus geschaffen werden dürfen, so wird man annehmen müssen, daß der Aufsichtsrat bei dem Abschlusse dieser Dienstverträge die Gesellschaft nicht unmittelbar vertritt.

II. Durch die meisten Statuten sind dem Aufsichtsrate weitere Rechte und Pflichten verliehen, wie dies Art. 225 Abs. 3 gestattet. Namentlich ist ihm durchgängig die Bestellung, Suspendierung und Entlassung von Vorstandsmitgliedern — bisweilen an einen qualifizierten Mehrheitsbeschluß geknüpft — übertragen, häufig auch die der übrigen Beamten von einem gewissen Gehaltsbetrage an oder der Beamten mit gewissen Funktionen z. B. des Kassierers, des Syndikus. Sonst ist dem Aufsichtsrate häufig noch vorbehalten: die Erlassung einer Geschäftsordnung für den Vorstand und einer Bureauordnung für das ganze Personal, die Erteilung von Anweisungen an den Vorstand und alle Beamten, die Überwachung der letzteren, die Genehmigung von Rechtsgeschäften, deren Gegenstand einen gewissen Betrag übersteigt, die Beschlußfassung über die Anlegung von Kapitalien, insbesondere auch des Reservefonds, über die Aufnahme einer Anleihe, über die Erwerbung und Veräußerung von Immobilien, über die Aufführung von Gebäuden, über Pacht- und Mietverträge, über die Errichtung von Zweigniederlassungen und über die Beteiligung der Gesellschaft als Kommanditistin bei anderen Unternehmungen. Die Stellung des Vorstandes kann durch derartige Statutenbestimmungen zu der von bloßen Exekutivbeamten des Aufsichtsrates herabgedrückt sein, jedoch nur nach innen, nach außen bleibt der Vorstand, von den oben erwähnten gesetzlichen Ausnahmen abgesehen, stets der Vertreter (vgl. O.L.G. Hamburg in Goldschmidts Zeitschrift Bd. XXXV. S. 247). Dem System des Gesetzes entspricht ein solcher Ausbau der Organisation freilich nicht mehr. — Unzulässig ist es, durch das Statut den Aufsichtsrat zu Handlungen zu ermächtigen, die im öffentlichen Interesse der Generalversammlung zugewiesen sind. So darf der Aufsichtsrat nicht ermächtigt sein, zu bestimmen, ob die Vorstandsmitglieder je einzeln oder gemeinsam die Vertretung und Firmenzeichnung für die Gesellschaft auszuüben haben, denn dies muß nach Art. 229 der Gesellschaftsvertrag bestimmen (Oberstes L.G. für Bayern in Seufferts Archiv Bd. XLI. S. 425). Ebensowenig darf er ermächtigt sein, eine ohne Bestimmung des Zeitpunktes beschlossene Erhöhung des Grundkapitals zu einer ihm geeignet erscheinenden Zeit vorzunehmen, weil dadurch Art. 215a verletzt wird (O.L.G. Dresden in dessen Annalen 1886 S. 326 flg.).

III. Über die innere Organisation des Aufsichtsrates bestimmt das Gesetz gar nichts. Nach allen Statuten muß ein ständiger Vorsitzender vorhanden sein und diesem bez. seinem Stellvertreter ist häufig der Vorsitz in allen Generalversammlungen vorbehalten.[1] Meistens ist auch bestimmt, daß, insoweit der Aufsichtsrat verpflichtende Erklärungen abzugeben hat, hierzu die Unterschrift des Vorsitzenden bez. seines Stellvertreters genügt, bisweilen ist die Mitunterschrift eines zweiten Mitgliedes erforderlich. Enthält der Gesellschaftsvertrag eine solche Bestimmung nicht, so ist die Unterschrift sämtlicher Mitglieder oder doch wenigstens die der zur Beschlußfähigkeit erforderlichen Zahl nötig. Zur Beschlußfähigkeit gehört, wenn nichts anderes bestimmt ist, die Mitwirkung aller Mitglieder (vgl. § 9).

Der ganze Aufsichtsrat kann einzelne seiner Befugnisse Deputierten, Ausschüssen übertragen (vgl. oben unter I). Dies wird besonders zweckmäßig mit der Überwachung von Zweigniederlassungen geschehen. Dagegen kann das einzelne Mitglied seine Obliegenheiten — auch die blos statutarischen (Lauè S. 27) — weder auf ein anderes Mitglied noch auf ein Nichtmitglied übertragen (Art. 225 Abs. 4).

---

§ 6. Vergütungen.

In den Statuten ist regelmäßig bestimmt, daß die Mitglieder des Aufsichtsrates Ersatz für die ihnen durch ihre Stellung erwachsenen Auslagen erhalten. Aber auch, wo eine solche Bestimmung nicht besteht, hat das Gleiche nach allgemeinen Grundsätzen zu gelten (nicht nach Art. 93, denn die Aufsichtsratsmitglieder sind nicht notwendig Gesellschafter), es müßte denn aus besonderen Umständen hervorgehen, daß die Mitglieder den mit ihrer Stellung verbundenen Aufwand selbst zu tragen haben (l. 10 § 9 Dig. 17,1,

[1] Dies war früher gesetzlich vorgeschrieben in Sachsen für die sog. Civilaktiengesellschaften (Ges. v. 15. Juni 1868 § 28).

Allg. Landrecht I, 13 § 65 flg., Code civ. art. 1999, Sächs. B.G.B. § 1314). Auch können sie Zinsen von dem Betrage ihrer Auslagen fordern (l. 12 § 9 Dig. eod., l. 1 Cod. 4, 35, Allg. Landrecht I, 13 § 71 flg., Sächs. B.G.B. a. a. O.).

Eine Vergütung für die Mühewaltung des Aufsichtsrates kann das Statut festsetzen oder ausschließen. Enthält es keine Bestimmung darüber, so fehlt es im allgemeinen an jedem Rechtsgrund für einen Vergütungsanspruch. Streitig ist nur, ob in diesem Falle der Kaufmann, der Rechtsanwalt, der Notar dann eine angemessene Vergütung fordern kann, wenn er in seiner Mitgliedsstellung eine Berufsthätigkeit ausgeübt hat. Was im besonderen den Kaufmann betrifft, so soll er nach der Ansicht Rings (S. 500 flg.) deshalb ein Recht auf Provision gegen die Gesellschaft haben, weil in der Annahme der Mitgliedschaft nach Artt. 273, 274 ein Handelsgeschäft zu erblicken sei (Entsch. des R.Gs. Bd. XIX. S. 123 flg.), mithin Art. 290 Abs. 1 Anwendung finde. Die Beantwortung der Frage hängt davon ab, ob man in dem Schweigen des Statuts über die Vergütung die Absicht, dem Aufsichtsrate eine solche abzusprechen, oder nur den Verzicht auf eine statutarische Regelung dieses Punktes erkennen will. Der Verzicht ist aber unwahrscheinlich, weil er gegen das Einzelinteresse des Aktionärs wie gegen das Gesamtinteresse der Gesellschaft verstoßen würde. An der Regelung der Vergütungsfrage ist jeder Aktionär interessiert, weil dadurch auch die Höhe seines Anteiles am Reingewinn beeinflußt wird; sofern aber überhaupt eine Vergütung in Aussicht genommen wird, muß ihm daran gelegen sein, jenen Einfluß statutarisch festzusetzen und nicht diese Festsetzung dem jeweiligen Ermessen späterer in ihrer Zusammensetzung wechselnder Generalversammlungen zu überlassen. Ebenso erheischt das Interesse der Gesellschaft die statutarische Fixierung einer in Aussicht genommenen Vergütung, weil diese geeignet ist, bei den Personen, welche die Gesellschaft für ihren Aufsichtsrat gewinnen will, die Neigung zur Annahme der Wahl zu erwecken oder zu verstärken. Nicht weniger unwahrscheinlich ist es aber, daß die gewählten Personen sich durch die vorbehaltlose Annahme der Wahl den Bestimmungen eines Statutes unterwerfen, das über die Vergütung schweigt, falls sie nicht mit der Generalversammlung darüber einverstanden sind, daß ihre Thätigkeit eine unentgeltliche sein soll. Die Unentgeltlichkeit bildet daher im Zweifel eine stillschweigende Bedingung des Anstellungsvertrages, wodurch insbesondere die Anwendung von Art. 290 Abs. 1 ausgeschlossen ist (ähnlich Staub S. 513). — Anders verhält es sich jedoch, wenn ein Aufsichtsratsmitglied seine Berufsthätigkeit der Gesellschaft in einem Umfange widmet, der über die Grenzen der eigentlichen Aufsichtsratsthätigkeit hinausgeht, z. B. wenn ein Rechtsanwalt für die Gesellschaft einen Proceß führt oder ein Baumeister ein Gesellschaftsgebäude errichtet. Dann wird auch ohne vorherige Abrede eine Vergütung beansprucht werden können, mag nun die eigentliche Aufsichtsratsthätigkeit entgeltlich oder unentgeltlich sein.

Besteht die statutarische Vergütung nicht in einer festen Besoldung, sondern in einer Tantième, d. h. in einem bestimmten Anteile am Reingewinne, so darf sie nur gewährt werden, wenn die ordnungsmäßig aufgestellte Bilanz einen Reingewinn aufweist. Bei der Berechnung der Tantième darf vorweg abgezogen werden höchstens das, was zur Ausgleichung eingetretener Entwertungen und Verluste verwendet werden soll, also sachlich begründete Überweisungen an einen Erneuerungsfonds oder einen Delcrederefonds (Reservefonds zur Deckung zweifelhafter Forderungen), nicht aber der bei der Gewinnverteilung des Vorjahres zurückgestellte „Vortrag“ oder die zur Vermehrung des Kapitalreservefonds bestimmte Quote. Dagegen ist es umgekehrt zulässig, ja sogar sachlich begründeter, vor der Dotierung des Kapitalreservefonds mit der statutarischen bezw. gesetzlichen Quote die Tantièmen des Aufsichtsrates und des Vorstandes abzuziehen, da sie als Verwaltungsausgaben[1] anzusehen sind. Die Statuten bestimmen meist anders. Sehr häufig wird nicht nur die dem Reservefonds zuzuführende Quote, sondern auch eine Vordividende von vier oder fünf Prozent des Aktienkapitals von dem Jahresertrage vorweg abgezogen und erst von dem hiernach verbleibenden Reste ein Anteil als Tantième zugesichert. — Ergiebt die Bilanz keinen Reingewinn, so ist zwar die Verteilung einer Tantième, nicht aber die Gewährung einer Vergütung unmöglich; in solchen Fällen kann die Generalversammlung zum Ersatze für die ausgefallene Tantième eine einmalige anderweite Remuneration bewilligen (Renaud, das Recht der Aktienges. S. 629). — Daß übrigens allein die Generalversammlung über eine Vergütung zu bestimmen hat, ist zwar im Gesetze nur für den ersten Aufsichtsrat ausdrücklich gesagt (Art. 224 verb. m. 192), aber auch im übrigen zweifellos. Es wäre widersinnig, wenn der Vorstand die zu seiner Beaufsichtigung berufenen Personen nach seinem Belieben zu remunerieren hätte.

Durchgängig wird nicht die Tantième des einzelnen Aufsichtsratsmitgliedes, sondern die des ganzen Kollegiums festgesetzt. Ist über die Verteilung unter den Mitgliedern nichts bestimmt, so hat jedes Mitglied einen Kopfteil zu beanspruchen. Bisweilen sind aber statutarisch dem Vorsitzenden zwei Kopfteile, jedem anderen

---

[1] So Neukamp in Goldschmidts Zeitschrift Bd. XXXVIII. S. 15 flg., Ring S. 528, 625, Staub S. 514, 583 flg., a. M. Völderndorff S. 704.

Mitgliede einer zugebilligt. Es kommt auch vor, daß die Tantième unter die Mitglieder nach der Häufigkeit ihrer Teilnahme an den Sitzungen verteilt wird, sodaß derjenige, welcher in keiner Sitzung anwesend war, gar nichts erhält.[1] Dieser Gesichtspunkt ist jedoch sonst nicht ausschlaggebend, weil sich die Funktion des Aufsichtsratsmitgliedes nicht in der Teilnahme an den Sitzungen erschöpft. Vielmehr wird im allgemeinen der Anspruch auf die Vergütung schon durch die bloße Bekleidung der Stellung erworben (vgl. O.L.G. Dresden in Wenglers Archiv 1884 S. 126, Entsch. des R.O.H.Gs. Bd. XIX. S. 62flg). Er steht mithin einem Mitgliede auch für die Zeit zu, in der er nach gesetzlicher Vorschrift an der Thätigkeit des Aufsichtsrates gar nicht teilnehmen durfte, nämlich dem auf eine bestimmte Zeit zur Vertretung eines Vorstandsmitgliedes Delegierten für die Zeit seiner Delegation. — Übrigens kann der Aufsichtsrat durch einstimmigen Beschluß die Verteilung der Gesamtvergütung auch abweichend regeln. Ohne Einstimmigkeit, durch bloßen Mehrheitsbeschluß kann er dies dann, wenn das Statut (wie neuerdings häufig) die Bestimmung enthält, daß der Aufsichtsrat die Verteilung der Tantième unter seine Mitglieder regelt. Nach der Ansicht des Reichsoberhandelsgerichts (Entsch. Bd. XXIV. S. 354flg.) soll dagegen in diesem Falle der Mehrheitsbeschluß nicht maßgebend sein, sondern die „voraussetzliche Tendenz" der Bestimmung, jedem einzelnen einen Anteil nach Verhältnis seiner Beteiligung an den Geschäften zukommen zu lassen, den Verteilungsmaßstab abzugeben haben und dem nicht mit der Mehrheit übereinstimmenden Mitgliede die Klage wegen seines hiernach zu bemessenden Anteiles zustehen. Dagegen ist einzuwenden, daß die fragliche Statutenbestimmung überflüssig wäre, wenn sie nur bei allseitigem Einverständnisse die beliebige Verteilung gestattete, und daß ferner diese Bestimmung vor allem die Tendenz hat, etwaigen Rechtsstreiten über den Vergütungsanteil vorzubeugen. Daß denjenigen Personen, welchen die Überwachung des ganzen Geschäftsbetriebes und meist noch andere Befugnisse anvertraut werden, auch das Vertrauen geschenkt wird, daß sie die Verteilung der Vergütung in billiger Weise regeln, ist wohl nicht auffällig.

Scheidet ein Mitglied während des Geschäftsjahres aus, so hat es bezw. seine Erben nach allgemeinen Grundsätzen Anspruch auf einen Teil der Jahrestantième, welcher allein nach dem Verhältnisse

[1] So bestimmte der — übrigens unglücklich gefaßte — § 23 des Statuts der Preusischen Lebensversicherungs-Aktiengesellschaft zu Berlin bis vor kurzem: „Die Tantième wird unter die Mitglieder des Aufsichtsrates in der Weise verteilt, daß der Vorsitzende je zwei, jedes andere Mitglied je eine Anwesenheitsmarke für jede Sitzung erhält, welcher sie beiwohnen."

des bereits verflossenen Zeitraumes zu dem ganzen Geschäftsjahre zu berechnen ist (vgl. O.L.G. Dresden a. a. O., oberster Östr. Gerichtshof bei Holdheim IV S. 95). — Besteht aber der Anspruch auch dann, wenn das Mitglied von seiner Stellung einseitig zurückgetreten ist? Sofern das Verhältnis als Auftrag aufzufassen ist, (vgl. § 2), erscheint der Anspruch als begründet, im Falle eines unzeitigen Rücktritts kann jedoch die Gesellschaft einen etwaigen Schadenersatzanspruch dagegen aufrechnen. Hat man aber anzunehmen, daß ein Dienstverhältnis vorliegt, so muß im Falle eines unbegründeten Rücktritts die Frage verneint werden, weil der Dienstleistende nicht völlig erfüllt hat (anders Staub S. 515), beim Vorliegen eines triftigen Grundes aber bejaht werden. — Der Anspruch muß ferner dem ausscheidenden Mitgliede auch dann zugesprochen werden, wenn ihm die Mitgliedschaft durch Generalversammlungsbeschluß entzogen wird. Doch kann es, obwohl es zur weiteren Leistung der vertragsmäßigen Dienste bereit war, weder die Vergütung für den Rest seiner Amtsdauer fordern, weil in der Regel ein anderer in sein Tantièmerecht eintritt, noch eine Entschädigung, weil das an keine Voraussetzung geknüpfte gesetzliche Abberufungsrecht eine Bedingung des Anstellungsvertrages bildet. In Bezug auf die Entschädigung kann statutarisch etwas anderes bestimmt werden (Ring S. 499).

Die Klage auf Auszahlung der einem Mitgliede gebührenden Vergütung muß, falls eine Gesamtvergütung festgesetzt und diese schon an den Aufsichtsrat abgeführt worden ist, gegen die übrigen Mitglieder, in allen sonstigen Fällen gegen die Gesellschaft gerichtet werden. Überläßt das Statut die Verteilung der Gesamtvergütung dem Aufsichtsrate, so muß in einem solchen Prozesse ein den Betrag der Klagforderung dem Kläger zubilligender Mehrheitsbeschluß beigebracht werden.

Wenn im Gesellschaftsvertrage eine Vergütung für den Aufsichtsrat festgesetzt ist, so darf die Generalversammlung ohne Statutenänderung keine höhere Vergütung, wenn aber eine Vergütung nicht festgesetzt oder sogar ausgeschlossen ist, überhaupt keine Vergütung auswerfen; die gezahlte Remuneration kann, soweit sie nicht auf dem Statut beruht, zurückgefordert werden. Dagegen läßt sich nichts aus Art. 192 herleiten, denn dort mußte das normale Verfahren aus besonderen Rücksichten untersagt und deshalb eine Ausnahme von dem eben aufgestellten Satze zugelassen werden.

---

§ 7. Der erste Aufsichtsrat.

Für den ersten Aufsichtsrat bestehen Besonderheiten hinsichtlich seiner Bestellung, seiner Amtsdauer (Art. 224 verb. m. 191 Abs. 2), seiner Obliegenheiten (Artt. 209 b, 210, 210 a) und der damit verknüpften Verantwortlichkeit (vgl. die folgenden Paragraphen), sowie seiner Vergütung (Art. 224 verb. m. 192).

I. Was die Bestellung anlangt, so fehlt für die Aktiengesellschaft eine gesetzliche Bestimmung, während Art. 175 e für die Aktienkommanditgesellschaft bestimmt: „Zur Wahl des ersten Aufsichtsrates ist die Generalversammlung der Kommanditisten sofort nach der Zeichnung des Gesamtkapitals von den persönlich haftenden Gesellschaftern zu berufen.“ — Da die Obliegenheiten des Aufsichtsrates bereits vor der Eintragung der Gesellschaft in das Handelsregister beginnen, so muß schon vorher eine Generalversammlung zu seiner Wahl einberufen werden. Für diese Berufung sind aber nach Art. 210 b schon diejenigen Regeln maßgebend, welche nach der Eintragung gelten werden. Falls daher das Statut gemäß Art. 236 Abs. 1 außer dem Vorstand und dem Aufsichtsrat jemandem das Berufungsrecht übertragen hat, so liegt — da auch der Vorstand noch nicht vorhanden ist — diesem die Einberufung ob. Kommt dies nicht in Frage, so muß man die Gründer für hierzu befugt erachten, denen das Gesetz auch andere Organsfunktionen in diesem Stadium zuweist und die ihrer Rechtsstellung nach den bei der Aktienkommanditgesellschaft hierzu berufenen persönlich haftenden Gesellschaftern entsprechen. Im Falle der Successivgründung werden daher in der Regel sie nach der vollständigen Zeichnung des Grundkapitals eine Generalversammlung zur Wahl des Aufsichtsrates gemäß Art. 238 zu berufen haben. Ob dies auch in dem weitaus häufigeren Falle der Simultangründung nötig ist oder ob nicht vielmehr die Gründer unmittelbar nach der Feststellung des Gesellschaftsvertrages die Wahl vornehmen können, ist bestritten. Gegen die letztere Annahme wendet Ring (S. 232) ein, daß eine Vereinigung aller Aktionäre noch keine Generalversammlung sei. Er erkennt aber (S. 580 flg.) selbst an, daß aus Art. 222 verb. m. 190 a Abs. 1 folge, daß trotz nicht gehöriger Berufung eine Generalversammlung vorliegen könne, wenn nur der Zusammentritt aller Aktionäre ermöglicht sei. Dieser ist ermöglicht, wenn die zur Feststellung des Statuts versammelten Gründer den Beschluß fassen, sofort den Aufsichtsrat zu wählen. Sie verzichten damit in gültiger Weise auf die Einhaltung der Vorschriften des

Art. 238.[1] Es empfiehlt sich aber, den sofortigen Zusammentritt der Wahlversammlung schon im Gesellschaftsvertrage vorzusehen. — Die Mitglieder des ersten Aufsichtsrates (nur diese) sind mit Namen, Stand und Wohnort von dem Handelsgericht in den gemäß Art. 14 von ihm bestimmten Blättern zu veröffentlichen (Art. 210 c).

II. Das Gesetz bringt den Mitgliedern des ersten Aufsichtsrates ein grundsätzliches Mißtrauen entgegen, es nimmt an, daß er, soweit er nicht von den Gründern allein bestellt wird, doch wenigstens unter ihrem Einflusse gewählt worden sei, und gestattet ihm daher nur eine kurze Amtsdauer. Schon das Handelsgesetzbuch von 1861 bestimmte, daß der Aufsichtsrat das erste Mal nur auf ein Jahr gewählt werden könne. Da aber die Wahl auf kürzere Zeit zulässig war und die Bestellung des zweiten Aufsichtsrates vor Ablauf dieser Zeit, mithin bald nach der ersten Wahl, vorgenommen werden mußte, so war es leicht möglich, daß auch der zweite Aufsichtsrat unter dem Einflusse der Gründer stand. Daher schrieb das Aktiengesetz von 1884 vor: „Die Wahl des ersten Aufsichtsrates gilt für die Dauer des ersten Geschäftsjahres und, wenn dasselbe auf einen kürzeren Zeitraum als ein Jahr seit Eintragung des Gesellschaftsvertrages in das Handelsregister bemessen ist, bis zum Ablaufe des am Ende dieses Jahres laufenden Geschäftsjahres." Die Amtsdauer beträgt also mindestens ein Jahr und kann zwei Jahre nicht erreichen. Dazu kommt noch die Zeit von der Wahl bis zur Eintragung des Gesellschaftsvertrages. Die Wirksamkeit dieser Vorschrift erscheint Makower (S. 247) deshalb als zweifelhaft, weil die Wahl des zweiten Aufsichtsrates schon ein Jahr vor Ablauf des oben begrenzten Zeitraumes vorgenommen und daher ebenfalls unter dem Einflusse der Gründer stehen könne. Indessen wäre eine so frühzeitige Wahl doch sehr auffällig und geeignet, Mißtrauen zu erregen, mithin für etwaige unlautere Elemente nicht günstig. Eine völlige Sicherheit in dieser Beziehung kann das Gesetz überhaupt nicht schaffen. — Das Statut kann die gesetzliche Amtsdauer des ersten Aufsichtsrates wegen der Natur des vom Gesetze bei dieser Vorschrift verfolgten Zweckes nicht abändern. Wird während dieses Zeitraumes durch Statutenänderung die Zahl der Mitglieder erhöht, so haben die Zugewählten mit den ursprünglichen Mitgliedern auszuscheiden; bei der entgegengesetzten Auffassung würde der Weg zu einer Umgehung des Gesetzes gegeben sein (vgl. auch Entsch. des R.Gs. Bd. XXIV. S. 57).

III. „Die Mitglieder des Aufsichtsrates", also nicht der Auf-

---

[1] Völderndorff S. 353, Petersen und Pechmann S. 348, Behrend S. 726, Staub S. 395.

sichtsrat als Kollegium, haben neben den Vorstandsmitgliedern „den Hergang der Gründung zu prüfen.“ Ob sie einzeln oder gemeinsam oder in Gemeinschaft mit den Vorstandsmitgliedern die Prüfung vornehmen, ist rechtlich unerheblich; die Verantwortung für die Erfüllung der Prüfungspflicht trägt jedes Mitglied für sich. — Gegenstand der Prüfung ist der ganze Hergang, nicht nur die im zweiten Absatze von Art. 209 a erwähnten Angaben der Gründer. Das geht zunächst daraus hervor, daß sich die Prüfung auf diese Angaben zu „erstrecken“ hat. Ferner daraus, daß über die Prüfung „unter Darlegung der im vorstehenden (zweiten) Absatze bezeichneten Umstände“ schriftlich Bericht zu erstatten ist; wären diese Umstände der einzige Gegenstand der Prüfung, so wäre der Zusatz überflüssig (a. M. Ring S. 240). Zum Gründungshergange gehört: die Feststellung des Gesellschaftsvertrages, insbesondere etwaige statutarische Festsetzungen über besondere Vorteile zu Gunsten einzelner Aktionäre, über Vergütungen für Sacheinlagen oder Übernahmen von Anlagen sowie über einen in Entschädigungen oder Belohnungen bestehenden Gründungsaufwand (Art. 209 b); die Abgabe der schriftlichen Erklärung der Gründer über die Umstände, welche ihnen die Höhe der für Sacheinlagen oder Sachübernahmen gewährten Beträge gerechtfertigt erscheinen lassen (Art. 209 g); die Erteilung der nach Art. 207 a Abs. 2 oder nach der Gewerbeordnung erforderlichen staatlichen Genehmigung; im Falle der Simultangründung die Übernahme sämtlicher Aktien, im Falle der Successivgründung die Zeichnung sämtlicher von den Gründern nicht übernommener Aktien; die Bestellung des Aufsichtsrates und des Vorstandes; die Einzahlung der baar eingeforderten Beträge und eventuell deren Übergabe an den Vorstand. Alle diese Vorgänge sind zu prüfen, insbesondere: ob bei der Feststellung des Statuts die Artt. 209 und 209 a beobachtet worden sind; ob die gemäß Art. 209 b erfolgten Festsetzungen durch die Verträge mit den Berechtigten, welche schriftlich vorhanden sein müssen, begründet sind; ob der Gründungsaufwand spezialisiert und durch Quittungen belegt ist (Art. 210 Abs. 2 Nr. 1); ob die Höhe der für Sacheinlagen oder Sachübernahmen gewährten Beträge durch die thatsächlichen Angaben der Gründererklärung, insbesondere durch diejenigen über vorausgegangene Rechtsgeschäfte und die Kosten einer in den letzten zwei Jahren geschehenen Erwerbung oder Herstellung, wirklich gerechtfertigt werden; ob von den Zeichnungsscheinen Unikate und Duplikate vorhanden sind, die unter sich und mit dem Aktionärverzeichnisse (Art. 210 Abs. 2 Nr. 2) übereinstimmen und den Erfordernissen des Art. 209 e Abs. 2 genügen; ob die Bestellung der Gesellschaftsorgane gesetz- und statutengemäß erfolgt ist; ob die eingeforderten

3*

Barbeträge die gesetzliche Höhe erreichen und ihre Summe sich in deutschem Gelde, Reichskassenscheinen oder gesetzlich zugelassenen Noten deutscher Banken in den Händen des Vorstandes befindet oder zu dessen Verfügung bei einem Dritten liegt. Dagegen wird von den Prüfenden nicht verlangt, daß sie auch die in der Gründererklärung gegebenen Unterlagen nachprüfen und ein selbständiges Urteil über die Angemessenheit der gewährten Beträge abgeben (Kommissionsbericht S. 9, a. M. Petersen und Pechmann S. 355). Ebensowenig wird verlangt, daß sie über die Zahlungsfähigkeit jedes einzelnen Zeichners Erkundigungen einziehen, wenn auch offenkundige oder von den Gründern mitgeteilte Thatsachen von ihnen berücksichtigt werden müssen.[1] — Jede Prüfungsperson hat einen schriftlichen Bericht zu unterzeichnen, allein oder mit anderen gemeinsam. Stehen die Unterschriften sämtlicher Prüfungspersonen unter einem Berichte, so braucht dieser nicht erkennen zu lassen, ob die Prüfung von den Mitgliedern des Aufsichtsrates und des Vorstandes gemeinsam vorgenommen worden ist oder nicht; daß das Gegenteil daraus folge, daß nicht nur über die Prüfungsergebnisse, sondern über die Prüfung Bericht zu erstatten sei (Petersen und Pechmann S. 353, Kayser S. 88), ist nicht zuzugeben.

Ist jemand unter den Mitgliedern der beiden Gesellschaftsorgane Gründer oder ist zu seinen Gunsten eine der in Art. 209 b (auch Abs. 3) bezeichneten Festsetzungen erfolgt, so genügt die Prüfung durch die bisher erwähnten Personen nicht, sondern es muß außerdem noch eine Prüfung und Berichterstattung durch Revisoren erfolgen, die in erster Linie das nach Landesrecht für die Vertretung des Handelsstandes berufene Organ zu bestellen hat. In Ermangelung eines solchen Organes — nicht schon bei dessen Weigerung — sind die Revisoren vom Vorstand und vom Aufsichtsrat, der hier wiederum als Kollegium thätig ist, zu wählen. Daß die beiden Organe diese Wahl in gemeinsamer Abstimmung zu erledigen hätten (Ring S. 238), ist im Gesetze nicht begründet; sie haben wie sonst getrennt zu beschließen. Können sie sich nicht einigen, so scheitert die Gründung.

Weiter sind die Mitglieder des ersten Aufsichtsrates neben den Gründern und den Vorstandsmitgliedern dazu berufen, die Anmeldung zur Eintragung in das Handelsregister zu bewirken. Zu diesem Zwecke haben sie die Anmeldung entweder vor dem Handels-

[1] Vgl. einerseits Behrend S. 729, Ring S. 241, Puchelt-Förtsch S. 533, Staub S. 399, andrerseits Völderndorff S. 365 flg., Kayser S. 91, Petersen und Pechmann S. 356.

gerichte zu unterzeichnen oder mit ihrer beglaubigten Unterschrift einzureichen; beides kann auch durch Vertreter geschehen, wenn diese beglaubigte Vollmacht beibringen. Die Anmeldung enthält die Versicherung, daß die bar eingeforderten Beträge eingezahlt und im Besitze des Vorstandes seien; zu den Anlagen gehört der oben behandelte Bericht über den Gründungshergang.

Damit ist im Falle der Simultangründung die Gründungsthätigkeit des Aufsichtsrates beendet. Im Falle der Successivgründung dagegen hat er noch eine Aufgabe zu erfüllen. Vorstand und Aufsichtsrat, die beiden Organe als solche, haben in der vom Registerrichter ohne Verzug einzuberufenden und unter seiner Leitung stattfindenden konstituierenden Generalversammlung sich über die Ergebnisse ihrer Prüfung auf Grund der Berichte des Art. 209 h, also eventuell auch des Revisorenberichts, und deren urkundlicher Grundlagen zu erklären. Es genügt, daß jedes Organ diese Erklärung durch ein Mitglied abgeben läßt, dagegen reicht die Erklärung einer Person für beide Organe nicht hin. Wie jedes Mitglied einen besonderen schriftlichen Bericht abfassen darf, so ist es auch berechtigt, sich in der konstituierenden Generalversammlung besonders zu erklären. Übrigens haben die Aufsichtsratsmitglieder, soweit sie Aktionäre sind, trotz ihrer Berichterstattung Stimmrecht bei der Beschlußfassung über die Errichtung der Gesellschaft, Art. 190 Abs. 3 trifft hier nicht zu. Um den Prüfungspersonen möglichst lange die Überlegung zu gestatten, ob sie die schwere, ihnen auferlegte Verantwortung (vgl. §§ 8 und 9) tragen wollen und um die Aufdeckung eines Mangels des Gründungsherganges möglichst zu erleichtern, gestattet ihnen das Gesetz, bis zur Beschlußfassung der Generalversammlung über die Gesellschaftserrichtung ihre unter die Anmeldung gesetzte Unterschrift zurückzuziehen. Macht jemand von diesem Rechte Gebrauch, so wird die Anmeldung und alles, was auf ihr beruht, hinfällig und es bedarf einer neuen Anmeldung, um die Errichtung der Gesellschaft herbeizuführen. Im Falle der Simultangründung ist dagegen die Unterzeichnung der Anmeldung durch die Prüfungspersonen eine endgültige und hat somit eine weit größere Bedeutung. — Äußerlich betrachtet, gehört noch hierher die in Art. 213 f dem Aufsichtsrate auferlegte Pflicht zur Prüfung und Berichterstattung, insofern es in den meisten Fällen der erste Aufsichtsrat sein wird, dessen Mitwirkung die während der ersten zwei Jahre seit der Eintragung erfolgenden „Nachgründungen“ (Erwerbungen von Anlagen oder Immobilien für eine den zehnten Teil des Grundkapitals übersteigende Vergütung) bedürfen. In rechtlicher Beziehung liegt aber hier eine allgemeine, nach den in § 5 aufgestellten Grundsätzen zu beurteilende Aufsichtsratsfunktion vor.

die nur aus besonderen Gründen auf die beiden ersten Jahre der Gesellschaft beschränkt ist.

IV. Aus dem schon oben erwähnten Mißtrauen des Gesetzes gegen den ersten Aufsichtsrat erklärt sich auch die Bestimmung, daß dessen Mitgliedern eine Vergütung für die Ausübung ihrer Thätigkeit nur nach Ablauf ihrer gesetzlichen Amtszeit von der Generalversammlung bewilligt werden kann. Bei der Beschlußfassung über die Bewilligung dürfen sie keinesfalls mitstimmen, weil der Beschluß die Eingehung eines Rechtsgeschäftes mit ihnen betrifft. Auch hier muß angenommen werden, daß eine zuwiderlaufende statutarische Bestimmung keine Geltung hat. Ist daher eine Vergütung vor dem Ablauf der Amtsdauer bewilligt worden, so kann kein Anspruch darauf gegründet werden; ist sie gewährt worden, so kann sie von der Gesellschaft zurückgefordert werden.

---

§ 8. **Civilrechtliche Verantwortlichkeit.**

I. Da die Mitglieder des Aufsichtsrates die Erfüllung der Pflichten dieses Organs durch einen Vertrag mit der Gesellschaft übernehmen, so ist es billig, daß sie für Verschuldung nach den bei Verträgen geltenden Grundsätzen haften. Das Gesetz bestimmt in Art. 226 den Grad von Sorgfalt, dessen Anwendung es von ihnen verlangt, als die Sorgfalt eines „ordentlichen Geschäftsmannes“ und zwar bezüglich aller ihnen nach Art. 225 zugewiesenen Obliegenheiten, also auch der dort in Abs. 3 der Bestimmung durch den Gesellschaftsvertrag überlassenen; für die einzelnen in anderen Artikeln enthaltenen Pflichten muß man der Analogie wegen dasselbe annehmen (Ring S. 512). Der Ausdruck „ordentlicher Geschäftsmann“ ist gleichbedeutend mit dem Ausdrucke „ordentlicher Hausvater“ in seiner Übertragung auf geschäftliche Verhältnisse, wobei der richterlichen Beurteilung der notwendige Spielraum für die Individualität des einzelnen Falles und der einzelnen Persönlichkeit gewahrt bleibt (Kommissionsbericht S. 23). Daher kann die geforderte Sorgfalt mit der „Sorgfalt eines ordentlichen Kaufmannes“ (Art. 282) zusammenfallen, wenn das betreffende Mitglied Kaufmann ist, denn die Übernahme des Amtes ist auf seiner Seite im Zweifel ein Handelsgeschäft (Entsch. des R.Gs. Bd. XIX. S. 123 flg). Bei dem Techniker, dem Rechtskundigen wird im einzelnen Falle bald ein höheres, bald ein geringeres Maß von Sorgfalt zu fordern sein als bei dem Kaufmanne. Doch ist diese Relativität des Begriffes dadurch beschränkt, daß von jedem, der die mit der Stellung verbundene Verantwortung kennt, verlangt werden muß, daß er vor der Annahme der Wahl prüfe, ob er ein allgemeines Verständnis für die Natur des Unternehmens und den Geschäftsgang, die erforderliche körperliche Rüstigkeit und die Zeit zum Besuche der Sitzungen und zur Teilnahme an den Revisionen habe. Da die Vorschrift des Art. 226 Abs. 1 einen öffentlich-rechtlichen Charakter hat, so darf das Statut eine geringere Sorgfalt als die eines ordentlichen Geschäftsmannes nicht für genügend erklären; dagegen steht einer statutarischen Verschärfung, die den Aufsichtsratsmitgliedern gegenüber als Vertragsbedingung Geltung haben würde, nichts entgegen.

Von Bedeutung für die Bemessung der von dem einzelnen zu fordernden Sorgfalt wird auch die Geschäftsverteilung des Aufsichtsrates sein. Da das Gesetz die Bildung von Ausschüssen gestattet (Art. 225 Abs. 1) und gestatten muß, weil die Teilnahme aller Mitglieder an allen Kontrollakten unter Umständen unmöglich ist, so wird ein Mitglied bisweilen schon deshalb zu einer geringeren Sorgfalt verpflichtet sein, weil es dem Ausschusse nicht angehörte, dessen Thätigkeit den eingetretenen Schaden hätte verhüten sollen. Indessen ist es dadurch nicht ohne weiteres entlastet, vielmehr wird zu prüfen sein, ob den Nichtdelegierten nicht eine culpa in eligendo zur Last fällt, und ob ihnen nicht Thatsachen bekannt geworden sind, welche sie hätten zum Einschreiten gegen den Ausschuß, dessen Befugnisse sie jederzeit widerrufen können, veranlassen müssen. Ja es wird auch zu prüfen sein, ob gerade die in Betracht kommende Thätigkeit nach den Umständen einem Ausschusse überlassen werden durfte. Denn auch derjenige macht sich verantwortlich, der sich schuldvollerweise außer stand setzt, solche Thatsachen zu erfahren, die er andernfalls erfahren hätte (vgl. Entsch. des R.Gs. Bd. XVIII. S. 76). Bei dieser Gelegenheit ist auch die Frage zu erörtern, ob ein Mitglied dadurch entschuldigt wird, daß es zur Ausübung der Mitgliedschaft nicht zugelassen wird. Ob es ein klagbares Recht auf Zulassung giebt und gegen wen die Klage angestellt werden kann, ist bestritten (vgl. Ring S. 498). Indessen muß dem thatsächlich von der Mitwirkung ausgeschlossenen Mitgliede schon um seiner strafrechtlichen Verantwortlichkeit willen ein Klagrecht auf Grund des Anstellungsvertrages zugestanden werden. Verweigert daher die Generalversammlung oder auf ihre Veranlassung ein Gesellschaftsorgan die Zulassung, so kann der Betroffene gegen die Gesellschaft klagen. Hindert ihn aber der Vorstand eigenmächtig, so steht ihm die Anzeige beim Registergericht frei, gemäß Art. 249 g. Hat aber die Ordnungsstrafe nicht den beabsichtigten Erfolg, oder sind es die übrigen Aufsichtsratsmitglieder, welche die Amtsausübung unmöglich machen, und bietet sich keine Gelegenheit, von einer Generalversammlung Abhilfe zu fordern, so kann er sich der Verantwortung nur durch Amtsniederlegung entziehen.

Ist ein Schaden für die Gesellschaft eingetreten, so ist jedes Aufsichtsratsmitglied zum Ersatze verpflichtet, das durch Anwendung der nach dem Vorstehenden ihm obliegenden Sorgfalt ihn hätte verhüten können. Mehrere haften nicht solidarisch, sondern nach Köpfen.

Über die Beweislast im Prozesse bestimmt das Gesetz nichts. Die Entwürfe A und B des neuen Aktiengesetzes enthielten den Satz: „Sie haben, wenn sie in Anspruch genommen werden, die Anwendung dieser Sorgfalt zu beweisen.“ Von der Reichstagskommission wurde er gestrichen, weil man den Richter in dieser Beziehung nicht binden wollte. (Bericht S. 23). Indessen würde, wie die herrschende Meinung mit Recht annimmt, die Bestimmung der Entwürfe dem vorher wie nachher bestehenden Rechtszustande entsprochen haben.[1] Jeder Beklagte hat die Erfüllung kontraktlich übernommener Pflichten zu beweisen.

Klagen kann übrigens nicht der einzelne Aktionär, sondern nur die Gesellschaft, weil das Aufsichtsratsmitglied nur zu dieser in einem Vertragsverhältnisse steht.

Die Gesellschaft hat keinen Anspruch auf Schadenersatz, wenn der Schaden durch die Ausführung eines Beschlusses der Generalversammlung entstanden ist. Dies folgt aus dem dritten Absatze des Art. 226 und ist unbedenklich, wenn man den Fall ausnimmt, daß die Generalversammlung durch ein arglistiges Verhalten des Aufsichtsrates zu dem die Gesellschaft schädigenden Beschlusse veranlaßt worden ist, in diesem Falle steht der exceptio doli des Beklagten die replicatio doli der Gesellschaft gegenüber (Behrend S. 852, Staub S. 523).

II. In seinem zweiten und dritten Absatze legt Art. 226 dem Aufsichtsrate die Pflicht der Wahrung des Grundkapitals auf und verpflichtet die Mitglieder — unbeschadet ihrer unter I. behandelten allgemeinen Verantwortlichkeit — persönlich und solidarisch zum Ersatze, wenn sie gegen eine gesetzwidrige Verkürzung des Grundkapitals trotz ihrer Wissenschaft nicht eingeschritten sind. Die Solidarhaftung hat zur Folge, daß dem belangten Aufsichtsratsmitgliede die Einrede der Teilung oder der Vorausklagung nicht zusteht (Art. 281). Ob mit dem Worte „Ersatz“ Schadenersatz oder

[1] Petersen u. Pechmann S. 298, Hergenhahn S. 147 flg., Behrend S. 850 flg., Ring S. 514, Staub S. 523, dagegen Renaud in Buschs Archiv Bd. XLV. S. 217 flg. und Makower S. 250.

Erstattung der wider das Gesetz dem Gesellschaftsvermögen entzogenen Beträge ohne Rücksicht auf einen etwaigen Schaden gemeint ist, ist zweifelhaft. Nach der Begründung (in Bd. XLIV von Buschs Archiv S. 224 flg.) sollte damit der letztere Sinn verbunden sein.[1] Dafür spricht auch der Wortlaut insofern, als zu der anderen Auslegung der weitere, nicht ausdrücklich angedeutete Begriff des Schadens herangezogen werden muß. Denn daß Ersatz stets Schadenersatz bedeute, ist Petersen u. Pechmann nicht zuzugeben. Indessen ist zu beachten, daß dieser Begriff im vorhergehenden Satze dem Gesetzgeber vorgeschwebt hat. Den Ausschlag zu Gunsten des Schadenersatzes giebt aber der Umstand, daß in den vom Gesetz unter Ziff. 1—5 aufgeführten Fällen eine Erstattung unmittelbar entzogener Beträge nicht überall denkbar ist, mithin die Auslegung in letzterer Richtung teilweise zu einem unbrauchbaren Ergebnisse führt. Denkbar ist eine solche Erstattung, wenn Einlagen an die Aktionäre zurückgezahlt (Art. 216) oder Zinsen — außer Bauzinsen — oder nicht durch den Gewinn gedeckte Dividenden gewährt (Art. 217), oder eigene Aktien oder Interimsscheine der Gesellschaft von dieser erworben oder zum Pfande genommen (Art. 215 d Abs. 1), oder nicht auf dem durch Art. 215 d Abs. 2 gestatteten Wege amortisiert worden sind, oder wenn ohne Auflösung der Gesellschaft deren Vermögen verteilt (Art. 216), oder das Grundkapital ohne Beobachtung der Vorschriften des Art. 248 teilweise zurückgezahlt worden ist. Wenn ferner vor der Vollzahlung des Nennwertes bez. eines höheren Emissionspreises Aktien ausgegeben worden sind (Art. 215 c Abs. 3), oder wenn in diesem Falle das Grundkapital gegen Art. 248 herabgesetzt worden ist, könnte man vielleicht an den Ersatz der noch ausstehenden Einzahlungen denken. Unklar wird aber der Sinn des Gesetzes in den übrigen Fällen: wenn vor der Eintragung einer Kapitalserhöhung neue Aktien oder Interimsscheine (gegen Zahlung) ausgegeben worden sind (Art. 215 c Abs. 3); wenn eine Herabsetzung des Grundkapitals durch einfache Abschreibung eines verloren gegangenen Teiles des voll eingezahlten Aktienkapitals erfolgt ist, ohne daß Art. 248 genügt ist; endlich wenn bei einer Fusion zweier Aktiengesellschaften die Vorschriften des Art. 215 nicht beobachtet worden sind. Mit Recht weist Staub darauf hin, daß in solchen Fällen ein Ersatz, der nicht Schadenersatz wäre, den Charakter einer Geldstrafe annähme. Es muß demnach einem auf Ersatz belangten Aufsichtsratsmitgliede nicht nur nachgewiesen werden, daß er von der gesetzgeberischen Maßregel gewußt und ein

[1] So auch Ring S. 515, dagegen Petersen u. Pechmann S. 301, Hergenhahn S. 150, Puchelt-Förtsch S. 509, Staub S. 524.

nach den Umständen mögliches Einschreiten verabsäumt hat, sondern es muß auch bewiesen werden, daß die Gesellschaft einen Schaden in Höhe des geforderten Betrages erlitten hat.

Dieser Schadenersatzanspruch wird nun ausnahmsweise auch den Gläubigern zugestanden, obwohl sie in keinem Vertragsverhältnisse zu den Mitgliedern des Aufsichtsrates stehen, jedoch nur aushülflich, bei Zahlungsunfähigkeit der Gesellschaft. Die Unversehrtheit des Grundkapitals ist die Grundlage des Kredits der Aktiengesellschaft. Wer pflichtwidrig dessen Schmälerung zuläßt, haftet billigerweise auch dem dritten, der sich auf die gesetzliche Unangreifbarkeit des Grundkapitals verlassen hat, wenn dieses zu seiner Befriedigung nicht mehr ausreicht. Nur dann wird der Schadenersatzanspruch wegfallen, wenn der Dritte trotz seiner Kenntnis der schädigenden Maßregel und ihrer Rechtswidrigkeit Gläubiger geworden ist (Entsch. des R.Gs. Bd. XIX. S. 115).[1] Dagegen wird die Ersatzpflicht nach ausdrücklicher Vorschrift des Art. 226 Abs. 3 nicht dadurch aufgehoben, daß die Handlung auf einem Beschlusse der Generalversammlung beruht, während für das Verhältnis zur Gesellschaft e contrario die Befreiung von der Haftung zu schließen ist. — Wird die Ersatzpflicht gegenüber den Gläubigern durch Zahlung an die Gesellschaft, Entlastung durch diese, Erlaß und Verzicht aufgehoben? Das Gesetz verleiht den Gläubigern keinen selbständigen Anspruch, sondern sagt nur, daß „der Ersatzanspruch in den Fällen des zweiten Absatzes auch von den Gläubigern .... selbständig geltend gemacht“ werden könne. Der Anspruch der Gläubiger beruht also nur auf einer cessio ex lege und wird von Verfügungen der Gesellschaft bis zur Geltendmachung durch einen Gläubiger, dann aber nicht mehr betroffen.[2] Gegen ein arglistiges Einverständnis der Gesellschaft und des Verpflichteten kann der Gläubiger, sobald er einen vollstreckbaren Schuldtitel gegen erstere erlangt hat und seine Forderung fällig ist, auf Grund des Reichsgesetzes vom 21. Juli 1879 vorgehen. — Im Falle des Konkurses der Gesellschaft kann der Konkursverwalter den Ersatzanspruch nur solange und soweit erheben, als ihn nicht die Gläubiger geltend machen. Man braucht um deswillen noch nicht einen selbständigen Anspruch der Gläubiger, sondern nur ein selbständiges Verfolgungsrecht anzunehmen; dieses kann durch die Thatsache der Eröffnung des Konkurses über das Vermögen der Gesellschaft so

[1] Anders Ring S. 518 gemäß seiner anderen Ansicht über die Natur des Anspruches.

[2] Ebenso Hergenhahn S. 152 und Staub S. 525; in verschiedenen Richtungen abweichend Petersen u. Pechmann S. 302 flg., Behrend S. 864, 853, Puchelt-Förtsch S. 509, Ring S. 518 flg.

wenig beeinträchtigt werden, wie das Recht jedes anderen Cessionars durch den Konkurs des Cedenten (anders **Ring** S. 519 und die dort Citierten). — Von einem Anspruche der Gläubiger auf Grund des Art. 226 kann übrigens bloß dann die Rede sein, wenn unmittelbar das **Gesellschaftsvermögen** und mittelbar das der Gläubiger geschädigt ist (**Sächs. Archiv f. bürg. Recht u. Prozeß** 1893 S. 317), also z. B. dann nicht, wenn ein Gläubiger dadurch Schaden erlitten hat, daß er, durch eine auf Grund einer falschen Bilanz geschehene Dividendenzahlung über den Vermögensstand der Gesellschaft getäuscht, dieser Kredit gewährt hat. (Entsch. des R.Gs. Bd. XXII. S. 133 flg.). Ob in derartigen anderen Fällen ein Schadenersatzanspruch nur unter dem Gesichtspunkte der actio doli oder auch sonst begründet werden kann, ist nach den Grundsätzen des bürgerlichen Rechts über die Haftung für außerkontraktliche Verschuldung zu beurteilen.

Die unter I. und II. behandelten Ansprüche verjähren in fünf Jahren. Beginn, Unterbrechung und Beendigung der Verjährung richten sich nach dem bürgerlichen Rechte, die Artt. 146—149 sind nicht anwendbar (Entsch. des R.Gs. Bd. XXIX. S. 26 flg.).

III. Den Mitgliedern des **ersten** Aufsichtsrates ist noch eine besondere Haftung auferlegt. Nach Art. 213 c haben sie und die Vorstandsmitglieder, wenn sie bei der Prüfung des Gründungsherganges (Art. 209 h) die Sorgfalt eines ordentlichen Geschäftsmannes verletzen, der Gesellschaft solidarisch „für den **daraus** entstehenden Schaden“ einzustehen. Es haften also mehrere, die sich Pflichtverletzungen verschiedener Art haben zu Schulden kommen lassen, unter Umständen für verschiedene Schäden. Das Gesetz mildert aber diese Verantwortung in zwei Beziehungen. Zunächst schreibt es vor, daß den Beklagten nachgewiesen werden muß, daß sie die vorgeschriebene Sorgfalt verletzt haben; nach allgemeinen Grundsätzen würde die Beweislast anders verteilt sein (a. M. **Behrend** S. 770). Sodann ist die Haftung eine bloß aushülfliche, sie tritt nur ein, soweit der Ersatz des Schadens von den Gründern (Art. 213 a) oder den sog. Emittenten (Art. 213 b) nicht zu erlangen ist. Daß er nicht zu erlangen war, braucht nicht durch Bezugnahme auf eine fruchtlose Zwangsvollstreckung, sondern kann auch auf andere Weise dargethan werden. Durch einen Verzicht, welchen die Gesellschaft gegenüber den in erster Linie Verpflichteten ausgesprochen hat, ist auch der Anspruch gegen die Prüfungspersonen beseitigt, ebenso durch einen Vergleich, sofern nicht die Gesellschaft nachweist, daß sie auf andere Weise nicht mehr erreicht hätte, und durch die Verjährung des Hauptanspruches, sofern sie nicht nachweist, daß eine rechtzeitig angestellte Klage nicht zu ihrer Befriedigung geführt hätte.

IV. Die unter I—III dargestellten Ansprüche der Gesellschaft gegen Aufsichtsratsmitglieder sind zu erheben, wenn dies in der Generalversammlung mit einfacher Stimmenmehrheit beschlossen oder von einer Minderheit, deren Anteile den fünften Teil des Grundkapitals darstellen, verlangt wird. Im allgemeinen ist der Vorstand als der ordentliche Vertreter der Gesellschaft zur Erhebung der Klage berufen. Die Generalversammlung kann aber hierzu nach Art. 223 Abs. 3 verb. m. 195 besondere Bevollmächtigte bestellen. Falls aber das Verlangen von der Minderheit gestellt wird, können auch die von ihr bezeichneten Personen vom Handelsgericht als Prozeßbevollmächtigte ernannt werden. Art. 223 Abs. 2 enthält noch weitere Vorschriften für die Klagerhebung auf Verlangen der Minderheit.

Kann aber der Vorstand diese Gesellschaftsansprüche auch ohne eine in der Generalversammlung ihm erteilte Anweisung geltend machen? Eine Entscheidung des Reichsgerichts (Bd. XXVIII S. 61) hält dies für ausgeschlossen, scheint aber an die Möglichkeit einer anderen Auffassung gar nicht zu denken. Dagegen gesteht die herrschende Meinung (jetzt auch Staub S. 506) mit Recht dem Vorstande eine selbständige Klagbefugnis zu, weil das Gesetz durch nichts andeutet, daß es dessen allgemeine Vertretungsvollmacht hier beschränken wolle.

§ 9. **Strafrechtliche Verantwortlichkeit.**

Von den Strafbestimmungen, welche das Handelsgesetzbuch im vierten Titel des zweiten Buches enthält, finden auf die Mitglieder des Aufsichtsrates Anwendung Artt. 249, 249 a außer Abs. 1 Ziff. 2, 249 b, 249 c außer Abs. 1 Ziff. 2. Diese beruhen vorwiegend auf dem Gesetze von 1884. Charakteristisch ist ihnen die Häufung von Gefängnis- und Geldstrafe und die im Verhältnisse zu den Höchstbeträgen des Strafgesetzbuches außerordentliche Höhe ihrer Maximalgeldstrafen. In den Fällen der Artt. 249 a—c ist bei Annahme mildernder Umstände ausschließlich auf Geldstrafe zu erkennen, in denen der Artt. 249, 249 a und 249 b Ziff. 1 kann zugleich auf Verlust der bürgerlichen Ehrenrechte erkannt werden. Da sich nach diesen Strafandrohungen die in Betracht kommenden Delikte als Vergehen darstellen und bei keinem die Strafbarkeit des Versuches ausgesprochen ist, so ist der Versuch hier überall straflos (St.G.B. § 43 Abs. 2). Für die Aburteilung zuständig sind in allen Fällen die Strafkammern der Landgerichte (G.V.G. §§ 73 Ziff. 1 und 27 Ziff. 2).

Einen sehr allgemeinen und an die Fälle der Untreue (St.G.B. § 266) erinnernden Thatbestand hat Art. 249. Er bedroht mit Gefängnis bis zu fünf Jahren und Geldstrafe bis zu 20 000 Mk. diejenigen Aufsichtsratsmitglieder, welche „absichtlich zum Nachteile der Gesellschaft handeln". Das Wort „absichtlich" soll hier dieselbe Bedeutung haben wie in § 266 des St.G.Bs. (Kommissionsbericht S. 34). Dort bedeutet es aber nichts anderes als den Vorsatz;[1] demnach ist es nicht erforderlich, daß die Benachteiligung der Gesellschaft der Zweck des Handelns gewesen sei. „Benachteiligung" ist hier wie dort als Vermögensbeschädigung zu verstehen.[2] Endlich kann das „Handeln" in dem hier fraglichen Zusammenhange wie in § 266 Ziff. 1 des St.G.Bs. auch in einem pflichtwidrigen Unterlassen bestehen,[3] z. B. in der Unterlassung der Anzeige einer schädlichen Handlung eines anderen Mitgliedes. Voraussetzung der Bestrafung ist das Bewußtsein der Rechtswidrigkeit. Daher ist die Strafnorm nicht verletzt, wenn das Vermögen der Gesellschaft gemindert wird, um ihr zu nützen, sei es auch nur um ihr soziales Ansehen durch maßvollen Gebrauch ihrer Rechte, durch Bethätigung von Gemeinsinn, Barmherzigkeit, Erkenntlichkeit oder Pietät zu wahren. Die Mitglieder des Aufsichtsrates machen sich daher nicht strafbar, wenn sie veranlassen, daß die außer Kurs gesetzten Banknoten der Gesellschaft noch nach dem Verfalltage eingelöst werden, wenn sie das Grab ihres früheren Vorsitzenden auf Kosten der Gesellschaft mit Blumen oder mit einem dauernden Erinnerungszeichen schmücken usw. (vergl. Staub S. 624 und denselben bei Holdheim I S. 174).

Die übrigen Strafbestimmungen haben speziellere Thatbestände. Nach Art. 249 c werden die Aufsichtsratsmitglieder mit Gefängnis bis zu drei Monaten und Geldstrafe bis zu 5000 Mk. bestraft, wenn der Aufsichtsrat länger als drei Monate nicht die zur Beschlußfähigkeit erforderliche Mitgliederzahl gehabt hat. Wenn das Statut über diese Zahl nichts bestimmt, so gehört zur Beschlußfähigkeit das Vorhandensein der statutarischen Gesamtzahl[4] bez. der gesetzlichen Dreizahl. Es tritt also dann die Beschlußunfähigkeit schon ein, wenn nur ein Mitglied ausscheidet. Dies suchen die Statuten auf verschiedene Weise zu verhüten. Entweder dadurch, daß sie eine

---

[1] Vgl. Olshausen Note 12 zu § 266 und die dort Citierten, Ring S. 697, a. M. Oppenhoff Note 1 zu § 266.

[2] Oppenhoff Note 2, Olshausen Note 2 a, Ring S. 696.

[3] Oppenhoff Note 3, Olshausen Note 9 a, Petersen u. Pechmann S. 603.

[4] So die meisten Schriftsteller, dagegen Renaud S. 628, Petersen u. Pechmann S. 244.

geringere, jedoch nicht unter 3 herabgehende Zahl zur Beschlußfähigkeit genügen lassen. Oder dadurch, daß sie vorschreiben, daß zugleich mit den ordentlichen Mitgliedern Ersatzmänner gewählt werden. Oder endlich dadurch, daß sich die Mitgliederzahl zwischen einer unteren und einer oberen Grenze bewegen darf. — Nach Absatz 3 tritt die Strafe nicht gegen denjenigen ein, welcher nachweist, daß die Ergänzung ohne sein Verschulden unterblieben ist.

Nach Art. 249 b tritt Gefängnisstrafe bis zu einem Jahre und Geldstrafe bis zu 20 000 ℳ in folgenden Fällen ein: 1. Wenn die Aufsichtsratsmitglieder wissentlich in ihren Darstellungen, in ihren Übersichten über den Vermögensstand der Gesellschaft oder in ihren in der Generalversammlung gehaltenen Vorträgen „den Stand der Verhältnisse der Gesellschaft unwahr darstellen oder verschleiern." Daß unter dem Stand der Verhältnisse nicht nur der Vermögensstand zu verstehen ist, ergiebt sich nach der Erwähnung des Vermögensstandes aus der Wahl des anderen Ausdruckes. Erforderlich ist, daß der Thäter in seiner Amtseigenschaft gehandelt hat. Ist dies der Fall, so genügt jede wissentlich unwahre oder wissentlich verschleiernde d. h. das Verständnis der Thatsachen erschwerende Erklärung, mag sie öffentlich oder an Private gerichtet sein, mag sie die Gesamtlage oder ein einzelnes Rechtsgeschäft betreffen, mag damit die Schädigung jemandes oder die Verschaffung eines Vermögensvorteiles beabsichtigt sein oder nicht. Insbesondere ist der Thatbestand auch dann gegeben, wenn die Lage der Gesellschaft ungünstiger dargestellt wird als sie ist, um zu ihrem Besten eine größere Dotierung des Reservefonds auf Kosten der Dividendenempfänger zu ermöglichen (Petersen und Pechmann S. 610). — 2. Wenn die Aufsichtsratsmitglieder wissentlich oder fahrlässig a) eine Aktie vor der Vollzahlung ihres Nennbetrages bez. eines höheren Emissionsbetrages b) Aktien oder Interimsscheine im Falle einer Kapitalerhöhung vor deren Eintragung c) Kleinaktien oder Interimsscheine von solchen (Art. 207 a), welche nicht die Genehmigung des Bundesrates bez. die den Aktionären hinsichtlich der Übertragungsform der Einwilligung der Gesellschaft auferlegten Beschränkungen enthalten, ausgeben oder ausgeben lassen.

Endlich ist in Art. 249 a den Mitgliedern des ersten Aufsichtsrates Gefängnis bis zu fünf Jahren und Geldstrafe bis zu 20 000 ℳ für den Fall angedroht, daß sie in der Anmeldung beim Handelsgerichte (Art. 210) oder in ihrem Bericht über den Gründungshergang (Art. 209 h) über die Zeichnung oder die Einzahlung des Grundkapitals oder über die Festsetzungen des Art. 209 b wissentlich falsche Angaben machen. Ob damit eine Täuschung des Registerrichters erzielt worden ist oder nicht, ist für den Thatbestand gleichgültig. — Dieselben Strafen treten in dem analogen Falle ein, daß behufs Eintragung einer Kapitalerhöhung in das Handelsregister über die Einzahlung des bisherigen Grundkapitals oder über die Zeichnung oder Einzahlung des die Erhöhung bildenden Kapitals wissentlich falsche Angaben gemacht werden. Hierbei ist zu beachten, daß Versicherungsgesellschaften ihr Grundkapital schon vor der vollen Einzahlung erhöhen können und demgemäß bei der Anmeldung der Erhöhung nur anzugeben haben, inwieweit die Einzahlung des bisherigen Kapitals erfolgt ist (Art. 215 a).

Schluß.

Die vorstehenden Ausführungen gelten zum großen Teile nicht für die Aktiengesellschaft allein. Wie schon in seiner äußeren Form das Gesetz durch seine vielfachen Verweisungen auf die Bestimmungen über die Aktienkommanditgesellschaft und durch die Zusammenfassung der Strafbestimmungen für beide zum Ausdruck bringt und wie sich weiter aus der Ähnlichkeit der Artt. 225 und 193, 226 und 204 ergiebt, sind die rechtlichen Verhältnisse des Aufsichtsrates einer Aktiengesellschaft und desjenigen einer Aktienkommanditgesellschaft im wesentlichen dieselben.

Noch enger aber ist in dieser Beziehung der Zusammenhang mit einer dritten Gesellschaftsform. Das Gesetz betr. die Gesellschaften mit beschränkter Haftung vom 20. April 1892 kennt allerdings den Aufsichtsrat nicht als obligatorische Einrichtung, unterwirft ihn aber in § 53, falls er nach dem Statut zu bestellen ist, den Artt. 224 bis 226 Abs. 1 des H.G.Bs. und stellt in § 80 Ziff. 3 eine Art. 249 b Ziff. 1 ähnliche, wenn auch beschränktere, Strafbestimmung auf.

Endlich stimmt das Genossenschaftsgesetz vom 1. Mai 1889, welches wiederum die Bestellung eines Aufsichtsrates vorschreibt, in seinen von diesem handelnden §§ 9, 34 bis 39, 49 Abs. 2 und 140 bis 142 (Ziff. 1) meist wörtlich mit den entsprechenden für die Aktiengesellschaften gegebenen Bestimmungen überein.

Druck von Metzger & Wittig in Leipzig.

Kolibri 360 GmbH
Ferdinand-Jühlke-Straße 7
99095 Erfurt, Deutschland
produktsicherheit@kolibri360.de